空海『性霊集』に学ぶ

平井宥慶

大法輪閣

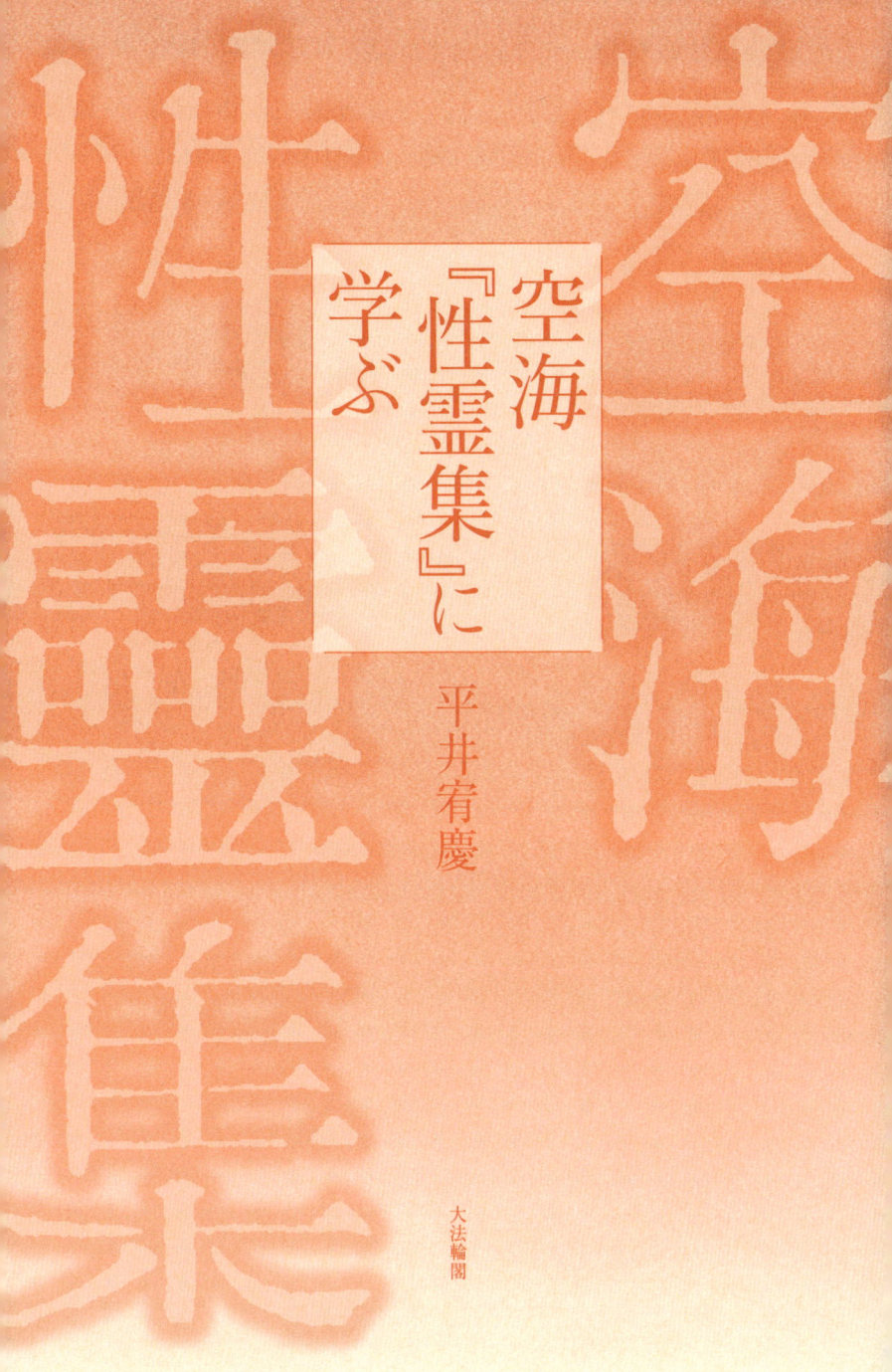

はじめに

「なんと！　これは。息をのむテレビ画面でありました。東北大地の揺れは凄《すさ》まじいものでしたが、関東方面の揺れ方も並大抵のものではありませんでした」とは、筆者が過日、さる書信にしたためた冒頭の一文です。

この連載ものはすべて、あの三月十一日以前に書かれましたので、この本文には〝地震〟のことは全く現れません。今その「東北」を想うに、犠牲となられてしまった方々のご冥福をお祈りするとともに、これから復興に雄々しく立ち上がられる人びとの、勇気と忍耐力に、全幅の敬意を表したく存じます。

地震に津波に、そして原発、と、これをもって、被災された皆さまだけにとどまらず、日本の私たち一人ひとりに、なにかとても重たい課題が突きつけられた、そんな〝思い〟に駆られています。都会の交差点の四隅に同じようなコンビニ店が煌々《こうこう》と明りを照して二十四時間営業している、ギンギンの熱を発した自動販売機が十数メートルも離れないで乱立している、こんなこと必要か、いくら二十四時間通しの暮しになった今時といっても、一定の範囲に一つあれば用は足りように、と想う。暗黒の宇宙から日本列島を眺むれば、列島のかたちのままに映る、といいます。

中世西洋の地図には画かれもしなかった小さな小さな日本列島、いま二十一世紀の初頭に、その小島の中で、一億二千七百万人もの人間が、おそらく世界の多くの人びとが想像も出来ないであろう〝便利な〟暮しを享受している。こんな世上、空海和尚《おしょう》が居たら、なんと仰るでしょうか、と、頭を抱えてしまいます。その空海さん、いまからざっと千二百年も前の人です。千二百年もの間、今日まで語り継がれて、今〝空海ブーム〟といわれるような人気を誇っている人物です。

この空海、伝説に覆《おお》われた人物、とも謂われています。そのとき、「空海」は「弘法大師」となりました。かなり以前ですが、『弘法大師伝説集』（斎藤昭俊編著）という本が上梓《じょうし》され、三冊まで巻を重ねました程に、その「伝説」が多い、ということです。その元になったのが〝伝記類〟と思われますが、これもその種類の多いこと、歴史に残る人物の中でも群を抜いているのではないでしょうか。明治の御世に『弘法大師伝全集』が編纂（長谷宝秀）され、これが全十巻にもなったのです。

日本が明治近代を迎え、「合理」ということが価値判断の基準に置かれるようになって、こういった伝説の類いは排除されるようになります。そこには摩訶不思議な事象、或いは近代人間主義の精神からは聊《いささ》かどうかと思われる事柄が良きことのように説かれ、いかにも蒙昧《もうまい》な印象の拭えない〝おはなし〟が多々展開されていたからです。

確かに、例を一つ取れば、

弘法大師の伝説には、水に纏《まつ》わる〝お話〟がたくさんあります。修善寺温泉は弘法大師が杖を地面に突いたら湧きだした、という類いのはなしです。或る地方で水日照りに難儀していたところ、一人の旅僧が立ち寄り水を一杯所望《しょもう》した。これを村人が断《ことわ》ったら、この界隈《かいわい》ではついに一滴の水も得られなくなった。その僧が高僧だったと聞いた村人はその旅僧に詫《わ》びを入れるように雨乞《あまご》いをしたら旅僧が現れ、杖を地に着いたところから水が湧き出した、この高僧は弘法大師だった、というようなものです。これ、水が出なくなったのは、水を所望して貰《もら》えなかった意趣返《いしゅがえ》し、のようで、空海さんだったらそんなことは決してしないよ、と、いまでは想いますが、困った人を助けなかったのはいけない、という〝教訓話〟を作るとしてこうなったのでしょう。そういうときに〝お大師さま〟が山車《だし》に使われる、人気者のかなしさ、です。

そういう伝説話に満ち溢れている「弘法大師空海大和尚」は〝人間的ではない（或いは史実に精確ではない乃至《ないし》合理ではない）〟として、いわゆる「人間空海」が求められ、さまざまな模索の始ったのが近代で、今日までもそれは続いていると言えるでしょう。そのとき、それではなにが頼りになるか、というに、生《な》まの「資料（史料）」、これに語らせて研究対象を浮き彫りしていく、そういう手法で進められるのが「近代的研究法」だ、というのです。

そういうことで言えばこの度は、空海自身の言葉を頼りに弁論してみましたので、最も空海に寄り添った本といえましょう。空海には、儀式の諷誦文《ふうじゅもん》、手紙、詩歌《しいか》など、多彩な文章が残されています。これらによって、空海という人、千二百年も前の方ですが、その〝人となり〟にかなり容易に触れることが可能となります。但しその文章は、中国古典・仏典などに対する知識の集積でもある如くに博学・華麗なる含蓄《がんちく》に埋ったもので、古来これを読むに解説する注釈書も一つや二つではなく残されているほどです。いま空海さんの文を読むのは、そういう数多《あまた》の書物を勉強することにもなりかねない、これでは忙しい現代、厄介です。せっかく空海さんにお近づきになれそうになったのに、なんとも勿体無い。もう少し容易に、敢《あえ》て言えば〝安易〟にみてみたい、そんな動機から、この本は出来上がりました。

　空海の文は、さまざまな分野について書き記されていますが、どれも空海の〝思想〟を真っ向から語ろうとしたものではありません。それにもかかわらず、これらのさまざまな文章に接するとき、そこからほのかに、しかしいつしか強烈に、空海という人物の抱いていた〝確固たる精神〟が垣間見えてくる、そういう文で埋っていることに気付かされることになりました。その具体的な内容は本文を読んでいただくとして、ひと言にいって、仏教がお釈迦さま以来二千五百年余、変らず語り続けてきている〝智慧の精神〟、慈悲・救済の願いを万民に及ぼしたい、というものでした。それは、思索構造論としていえば、奈良の仏教とは違う、空海自身が創設した曼荼羅《まんだら》思想（これこそ平安の仏教の成果です）、ということになるのでしょうが、ここではそんな難しい理論を振りかざす、ということはなく、あの時代の、あの人びとに理解されるように説示して、余すところがありません。なんとも時代即応、時に微笑《ほほえ》ましく、時に鋭く、時にあっけらかんと、趣旨明瞭に説かれ、ここにましますす空海さんは、実にシンプル、といえましょう。

確かにこういう空海像は、「伝説の空海」とは随分に隔《へだ》たりがあります。近代は、こういう〝実像〟を求めて右往左往してきました。その結果、近代の空海の実相が余すところ無く明らかになった、かにみえました。が、このたび本論を書くに当って、その〝近代の実像〟も参照することがありましたところ、これにも大いに首を傾《かし》げなければならないような〝実相〟が語られていることに気付かされました。本文ではこういうことに若干触れています。でも、本論は空海の生涯をおうものではありませんので、それは〝若干〟です。或いは空海という人物ほど近代に誤解された人もいないでしょう。このことについても触れましたが、これも〝若干〟のこと、本旨はあくまでも、空海の文章を現代に置いて読んだらどうなるか、にありますので、ご笑覧ください。

これを書くに当って、所謂「です・ます」調、で通しました。でも、通例のそれとも違う、ように気をつけました。筆者も学者の端《はし》くれ、と自惚《うぬぼ》れるほどではありませんが、学術論文は「である」調、といわれ、固い文章の典型と目されます。ではその文句の末尾を「である」から「です、ます」に言い換えれば即座に〝柔らかい〟文章になる、かといえば、そうではありません。その〝固い〟とは、理路整然としている、ということ、一文は主語・述語、目的語・補語、形容詞・副詞など秩序だって並べられ、論旨展開も主張の順序に随って正順的に論述します。が今は会話調、会話は必ずしも秩序だって述べないことがあります、よね。強調するところを先に出《い》だし、それは「なぜなら」という調子で間を跳んで話す、という風に、聊《いささ》か八方破れ、良く言って縦横無尽に筆を運ばせました。過日、多摩地区のさる大寺の御前様に親しく御目文字出来る幸せに浴しました際、のっけにご指摘いただいたのが、このしゃべり調子の文体についてでした。論述展開も、何々だから何、というのより、それは何故それは何故、と進める。興味を先行して理由をあとに、とすれば、一般読者の関心をつなぎとめられる、と考えました、がどうでしたでしょうか。そういう上の「であります」調、です。

さきに「安易に」とか言いましたが、これでは記述に正確さが欠ける、という心配を為《な》さる向きもあろうかと思います。で、出来る限りの調査を致して書いたつもりです。一般向きは学術的ではない、或いは、素人が分らないのが学術的、というような、誤った見解が世間に流布しているのを是正したく存じました、が、これも成功していますやら。今世上の読書界では、かつては難解語の羅列のような哲学書類が再訳されて如何にも軽やかな本として、出版されています。空海の文も、今では如何にも難しい記述に埋っているように見えていても、当時は通例の教養人なら理解出来るように書いてあるのです。今解らないのは、近代の教養が下落している、ということでなければいいのですが。

こういう自由な文章が書けましたのは、ひとえに大法輪閣編集部の谷村英治氏の深慮によりますので、感謝申し上げます。以前、雑誌『大法輪』の特集欄に執筆を依頼され、拙文をものしましたところ、これが編集部の皆様の間で話題になったそうで、何か文章を、とやって来られて早や二年たった今、この連載を一冊に、と提案されました。そして図々しくも纏めましたのが本書です。このたびその単行本の体裁にそって、更に書き直した部分が御座います。これを一応の決定稿と致したく、ときに既存学説に異議をさしはさむような無礼を働いているところもあるかと存じますが、お大師さまの愚弟に免じて御寛恕の程を。異論も学恩、と心得て、感謝申し上げます。

結びに、小輩の文章をみて、空海の一生は全力投球の日々、とみえると、連載中に評されました。東北の被災された皆さまの一日も早い復元を祈念し、おのれもこの小さな列島に同じく住むものの一人として、運命共同の意識で、空海さんのような全力投球、とはいきませんが、微力は尽そうと想っています。

乞う、叱正！

平成二十三年五月十一日

筆者　記

〔目　次〕

は、心も朗かなり。（『性霊集』巻二）

時代が「ひと」を創り、「ひと」が時代をうごかす

艠はよく済し、車はよく運ぶ、然れども猶、御する人なければ、遠きに致すこと能わず。柁の師無ければ、深きを越ゆることあたわず。（『性霊集』巻十）

福徳は、求めるものではない、自然に流れ来れるものである

定慧は正法を開き、禅定を修するを以って旨と為し、福徳は仏塔を建て、仏像を造るを以って要と為す。（『性霊集』巻八）

極少の文字を以て、極大の思索を語る

哀れなる哉、哀れなる哉、復た哀れなる哉。悲しい哉、悲しい哉、重ねて悲しい哉。（『性霊集』巻八）

“人生の節目”にあたって想う　179

禽獣・卉木は、皆なこれ法音なり、安楽・都史は本来た胸中なり、ということを悟らしめん。

（『性霊集』巻三）

仏法遙かにあらず、心中にして即ち近し　199

法身、何くにか在る、遠からずして即ち身なり。智体、如何、我が心にして、甚だ近し。

（『性霊集』巻七）

国交は善隣友好と、相互尊敬のうちで　215

隣を善みし、義を結び、相い貴びて通聘す。往古今来、斯の道、豈に息まんや。

（『性霊集』巻五）

国際民間交流の一端が垣間見える　229

風光・月色、辺寺を照らす。鷺囀り、楊華いて、暮春に発す。

（『性霊集』巻三）

〝万民平等〟と〝諸行無常〟の精神　243

貴き人も、賤しき人も、摠て死に去んぬ。死に去り、死に去って、灰燼と作んぬ。歌堂・舞閣は野孤の里、夢の如く、泡のごとし、電影の賓。

（『性霊集』巻一）

〝事実〟を超えて〝真実〟を見極める　261

物の興廃は必ず人に由る。人の昇沈は定んで道に在り。

（『性霊集』巻十）

装幀…清水良洋（Malp Design）

民あってこその国

夫《そ》れ国は民を以《もっ》て命《めい》とし、人は食《しょく》を以て命とす

（空海『性霊集』巻六）

夫國以民爲命人以食爲命

一、干天に慈雨を

この言葉、天長《てんちょう》四年（八二七）の五月一日に、大極殿《たいごくでん》と紫宸殿《ししんでん》で天長皇帝の名において執行された、雩《あまご》い大法要のみぎりに読み上げられた願文《がんもん》中の文言です。こんな前のことが何でそんなに細かく分かるんだ、と思われる御仁のために、情況を説明します。読者諸賢よ、遙か一千百余年前、平安時代に思いを馳《は》せてください。

みな、その表題と文面中に書いてあるのです。期日はこの願文の出だし文に「中夏月朔乙酉《ちゅうかげつさくいつゆう》」と明記されています。天長皇帝は淳和《じゅんな》天皇（在位八二三〜八三三）のこと、大極殿・紫宸殿はともに内裏《だいり》の中の正殿で、天皇が執政する最高庁舎だ。雩いという見慣れない漢字は雨乞いのこと、大法要と何故判る、とならば、その表題に「百僧を屈《くっ》して」とあるからで、百人も僧侶を招いた法要が、大法要でなくてなんだ、ということになります。淳和天皇は空海《くうかい》和尚が個人的にも親交を結んでいた天皇で、その故をもって雨乞いを頼んだのでしょうか。

二、政治の責任

さて、雨乞いごとき非科学的*？　なことを、それも政府の最高位庁舎で、よくやるなぁ、とお思いのみなさんもありましょう。実はこの時期梅雨《ころつゆ》の真っ最中、なのに「霖《ながあめ》せず」と、史書に書いてあります。梅雨期なのに長雨がない、というのです。最も水分の豊かなはずの時期に水が得られなければ、直ちに農業収穫にひびきます。農業は、この時代最大の産業であり、産業の振興は政治の根幹、国家最高指導者が為政《いせい》の安泰を願って雨乞いする、これが政治の要諦《ようてい》、水を求めて雨乞いを執行することは最大の政治行為でもあるのです。だから、最高位の政府庁舎で執《と》り行われた。なお念のため、農業が重要な産業であることは今も変わらない、はずですよね。

＊　科学と非科学のこと、文末の「コラム」で考えたいと思います。

ところで科学文明の現代人は、こんな法要しての雨降りなんて効《き》くか、と思ってしまう向きがあろうかと存じます。過年の北京奥運会《オリンピック》開会式中に何百発もの薬品弾が雲海目掛けて打ち込まれた、そうです。こっちは雨を〝止める〟だったそうだが、効いたとも聞いてます。こういう科学的な所作ならいざ知らず、お経の声を出すだけの法要で、効能が約束されるとはとても思えない、とは合理的という近代人としては、まあ当然の疑念でもありましょうか。

でも、当時の人心にとって、この大法要は仏天《ぶってん》をも動かす壮大な実働行為でありました。しかも多大な僧侶を動員しての実行は、政治が機能している、という思いをいやがうえにも高めます。さらに言えば、百人もの僧侶を屈請《くっしょう》しての大法要が執行された、という話は、恐らく日本全土の施政権《しせいけん》の及ぶ隅々を潤《うるお》したでありましょう。それは消沈した国民の意気を大いに高めた、と推察します。民の心に希望の明かりを点《とも》す、これも政治の重要な役割であります。法要するは、国に公益あり、民に実利あり、であります。

余計なことを言えば、現代の日本に、希望ある政治なんてあるのだろうか、あるとしてもどこにあるのだろうか。生きるのは民衆だ、自らの才覚で生きていく、政治はその民衆に希望を与えるのが役目と心得ますが、如何《いかが》。政治が民のその才覚を奪うようなことがあってはいかん、と手前は思うのですが、どうでしょう。

そこでいよいよ「国は民を以て命とす」を考えます。次の「人は食を以て命とす」は、何の解説もいらないでしょう。この次文には「衣」も大切であることが謳《うた》われていますから、衣食足って礼節を知る、の〝食〟であります。その前文「国は」云々は、これから雨乞いを始める、の由縁を説き示すに当っての出だしの文で、国と民の結びつきが強調されるところです。

この「国」は、もっとも直截的《ちょくせつてき》には「天皇」を意味するが、それは当然、その支配地域全域を含むことと理解していいでしょう。わが倭国《やまとこく》は古代、限定領域特定国家（要するに〝ムラ〟です）の並立集合体（ムラが点在しつつ連合していた）であったらしいのが、飛鳥《あすか》時代以来、領邦《りょうほう》（境目のない原野広がる）国家として発展してきました。奈良時代の律令制《りつりょうせい》施行《しこう》は、その法的帰着点でもありました。そして、農業の進展は即社会の発展を物語るものとなります。農業は、稲作を主として、食料にかかるあらゆる作物の生産をめざすもの、その生産に水は命であります。いま干天《かんてん》に、だから雨乞いをする、その祈願文の冒頭に「国は民を以て命とす」であります。

三、民衆の大道を歩む

農業作業には、多量の人力が求められます。これが「民」の存在です。民《たみ》はヒト（乃至クニビト）と訓読してもよい、かもしれません。「命」は最も大切なもの、運命とか天命とか、究極のところを言う。であるからしてこの言葉は、現在《いま》としては当たり前のことを言った、となります、が、そう言っては身も蓋《ふた》もない、でしょう。しかもそんな見方をしては、それは時代性をみない、無自覚の見解である、と断じたい、私としては。なぜでしょうか？

時代《とき》は九世紀初頭、西洋では宗教的中世の極まるころです。その同時代に、国に民の存在を認識させ、敢《あ》えて言えば民を主人公の如くに語っている、そんな輩《やから》が、この地球上に居たであろうか、と問いたいのです。それを天皇の名において言わせしめたのです（これも凄いことです）。偉才たる空海の特質を如実に物語る一局面といえそうです。

ところが、こういう景色（宮中に出入りすること）に染まる、国家の最高権力者と昵懇《じっこん》を決め込む（と言った方がいたのだ）空海を、世事《せじ》に長《た》けて宗教家らしくないと批評した学者もいました。でも小輩としては、宗教家が世事に長ける、大いに結構、と考えてます。

空海は若き頃、山野を跋渉《ばっしょう》して修行に励んだ、と伝えられています。文字通りなら、道なき荒野を自ら鉈《なた》で切り開いて前進する姿が目に浮かぶのですが、私としては、この歩みを進める道には〝世間〟たるものも含まれたにちがいないと理解します。「世事に長ける」べきとさえ思います。そもそも空海の育ちは四国というあまり大きくない島育ち、統治者も民とともに生きていかねば生業《なりわい》は立ちゆかなかったでありましょう。土地の有力者がこの民衆の直《す》ぐ傍《そば》に居《まし》ます感覚があればこそ、国家中枢の宮殿に座しても、その境遇を誇ろうとしなかった空海のありようが貫かれたのではなかろうかと愚考するのであります。その証拠に、空海は一度として国家地位を願ったことはないのであります。あくまでも民衆のうちに留まっていた、といえます。これを言えば、いわゆる市民目線とでもいえましょうか。

四、新しい学校の建設

空海は晩年、綜芸種智院《しゅげいしゅちいん》という平等の学校を設立しましたが、そんな発想も、今風に言うと、こういう市民目線のなせる業《わざ》、と思いたいのです。この学校は、学費無し、完全寄宿、教育課程は全幅分野《オールラウンド》（何でも教えたの）、何とも理想的な教育施設ですが、残念ながら、空海入定《にゅうじょう》後しばらくして遂に止め、となってしまいました。

こういう理想の維持には、一義的には経済の問題があったとは思いますが、後を継《つ》いだ弟子の方々の名誉のために考え及ぼしますと、希望する若者乃至《ないし》社会の側の問題もあったのではないかと考えています。つまり、理想に呼応出来る若者も、そう次から次へとはいかなかったのではないか、ということです。費用のかからない学校ではあるが、それを送り出す若者の一族までは面倒みきれません。人間（ましてや〝若者〟）一人が貴重な労働力であった時代に、そんなに限りなく若者を送り出せるほど、社会は豊かではなかった、ということです、当時は。応募者が無ければ学校は立ちゆかないこと、今も昔も変わりません。あるいは卒業者を受け入れる社会の側の問題もあったかも知れません。有為《ゆうい》な人材とはいえ、そうそう雇《やと》える〝会社〟（職場）はなかったでしょう。要するに、如何に空海が偉大でも、時代の大筋までは改造できない。まあ、あまりにも早く生まれ過ぎた教育者でありました、空海は。

五、ダムを造る最新技術

満濃池《まんのういけ》、というのが香川県仲多度郡《なかたどぐん》にあります。これも民衆目線から、というとき、きわめて貴重なダムであると思います。多度ノ郡《こおり》は空海の故郷、今の香川県・徳島県を区切る大川山《だいせんざん》の北側山麓まんのう町に、これはあります。四国は大きい島とはいえません。このあたり、山から海が直《す》ぐあるような地勢で、山に降った雨は一気に瀬戸内海に注ぐので保水が悪く、たちどころに平地を水浸《みずびた》しにし、降らなければ直《ただ》ちに日照《ひで》りとなる。その山と海の間に水庫《みずくら》があれば如何に具合いいか、古代人もちゃんと考え、山麓に池を造りました。池といっても、これは現代のダムでありましょう。しかし当時までその山からの水を堰《せ》き止めるに技術が伴わなかった。造りはしたが、水圧に耐えられる堰《せき》はなかなか難しく、造っては流され造っては流され、していました。そしてその修復現場総監督に、唐帰りの空海が名指しされたのであります。

空海のアイデアは、今に言うアーチ型ダムであったといいます。流れ下る水を止める堰を、水の流れ下る方向に直角に建てるだけでは、その水圧力に抗し得る土手の構築は難しい。そこで流れ下ってくる水の上《かみ》に向って丸く張り出した堰を造れば、その水圧抵抗力は何層倍にもなる、というもの、つまりアーチ型、であります。

かなり以前、「空海」という映画がつくられたのを覚えている方もおありでしょう（最近DVDになりました）。著名な役者が空海を演じ、この満濃池修築のシーンは、空海和尚が工事現場の一画でしきり（昼夜分かたず寝ずに、だ）と護摩《ごま》を焚《た》くという構図で描かれました。この修築工事は水の著《いちじる》しく少ない時期に一気に完成させねばならない。溢《あふ》れる水の処理は難しいからで、五〇日という日にちが設定され、そんな短時間にはとても出来ないと悲鳴をあげる民衆を、空海は鼓舞して昼夜を問わない突貫工事を要請、五〇日を一〇〇日にして作り上げようと己れの引連れる役僧まで工事に駆《か》り出し、自らは前記の護摩修法となったのです。これで仏天の加護ここに有りと、民の心に不屈の闘志を燃え上がらせる、という計算のうえでつくられたシーン（伝記にもあります）であろうと推察しますが、当たらずも遠からずであったろうと思います。いよいよ雨がやってきて、水庫に満々とたたえられた景色を前に、民はなべて歓呼の声を挙げる、感動のシーンとなっていました。

この池、その後何度もの修築を重ねられて、現在も現地に水をたたえています。だからあのシーンの水のさまは、今の現地のそれではないかとさえ思考されます。

ことほど左様に、空海和尚が民衆の中を歩んだという日常は、その生涯の数奇《すうき》な足跡を追えばおうほど、決して、神格化的空想で捏造《ねつぞう》された、とは言えない現実味《リアリティー》を持っているといえます。だいたいに、民衆になじむ姿を想像することは、〝神格化〟とはほど遠い心裡《しんり》と心得ますが。

そういう大師をして、あの冒頭の言辞は、はじめて真実味を帯びるといえましょう。〝民〟あってこその〝国〟であります。そういう民衆観あればこそ、大師信仰が夥《おびただ》しい日本民衆の心をとらえ、宗派を超えて人びとの心を捉《とら》えた。たとえば、瀬戸内中国道は弥陀《みだ》信仰の牙城ですが、お四国参りがとても盛んです。そういう阿弥陀信仰に固まった門徒衆《もんとしゅう》のなかにまで、多くの信者を持つにいたった由縁が存すると思うものであります。

この市民目線を強調するのは結構ですが、ここで大師は、〝国〟という認識も持っていたという事実も、決して忘れてはいけません。それもこの言葉から思考すれば、民の集合体としての〝国〟です。これ一事をもって、天皇との直接接触を非難するのは当らない、といえましょう。

六、空海の「ことば」集成

この言葉の載《の》っている『性霊集』は、セイレイ集とも、ショウリョウ集とも読まれます。前者が漢音《かんおん》、後者は呉音《ごおん》読みです。わが国古代に、漢字を取り入れて日本語を表記するようになって、その音読みのときに、呉音と漢音が並立するようになりました。現代日本の漢和辞典では、㊉、㊉で指示しています。日本仏教最初の公伝は百済《くだら》からでありましたが、それが江南《こうなん》仏教の系統に属し、江南は三国時代には呉の国と言いましたので、その発音を呉音と称しました。倭人《わじん》が直接大陸に留学するようになると、長安《ちょうあん》に入ります。ここの発音を漢音と言いました。今風に言うと北方音、これはいささか硬く聞こえます。今の北京音も舌擦り音が目立ちます。少々五月蠅《うるさ》い感じです。

で、平安時代だったか、仏教者は呉音、漢学者は漢音、で読むということになりました。しかし例外はどこにもあるもので、真言宗の常用経典『理趣経《りしゅきょう》』は漢音で読みます。これには、『理趣経』の深秘《しんぴ》な説示意趣にかこつけて、直ちには分からないように、とか、理屈が付けられていますが、先に言ったように、恐らく大師入唐《にっとう》のみぎりの長安音ということでありましょう。で今この『性霊集』は、真言書籍ということで（漢音）セイレイ集、という読みが強調されたり、真言宗も仏教宗、呉音でショウリョウ集も可なり、ということになった、のではないでしょうか。どっちで呼んでも『性霊集』は『性霊集』です。詳しくは『遍照《へんじょう》発揮性霊集』と言います。

この本は、弟子の真済《しんぜい》（八〇〇～八六〇）が大師の入定《にゅうじょう》後、残された文書を集めて一冊になした、その後八・九・十巻が散逸したのを、仁和寺《にんなじ》の済暹《さいせん》（一〇二五～一一一五）が『続性霊集補闕鈔《ほけつしょう》』として補塡《ほてん》した、それがいまの『性霊集』となっています。で、中には真偽未了のものも含まれてしまった、といわれていますが、先の文はまず間違いなく大師のものとみなされています。

大師の文章は、華麗、荘厳、重厚、などと形容されますが、それを裏付けてくれる文章は、この本の中に、ぎっしりと詰まっています。それを、後学のものは学んで参考にします。そのうちにその典故《てんこ》を探る人が出てきて、この文は仏典のどこそこにある、というような訓詁学《くんこがく》が発達しました。

典故を言うと、古代人のそれは、原典を指示しないままに原文を自己の地文に組み込んでしまっている場合が少なくないのです。これを、現代風な感覚から〝剽窃《ひょうせつ》〟などと言って切ってしまっては、古代文化の伝承の何たるか、を見間違うことになります。まなぶはまねぶ、まねぶはまねる、です。まねるから、独創が案出される、ここが古典の凄さです。〝前〟を知らなければ、〝いま〟のそれが独創かどうかも分からない、でしょう。

大師の文にも、多くの引文が検出されます。それは、仏典からは言うまでもなく、中国古典からの引用も少なくありません。これは大師が如何によく漢学を修めていたかの証左であり、盗作とかいう次元とは全く違う文化現象です。そのとき大師は、典故の本を書棚にいって引っ張り出してきてそこから書き写した、のではありません。すべて大師の脳裏に刻み込まれていたものが表出したのです。古典を学び、その学ばれた用語が血となり肉となり、新たな息吹《いぶき》が吹き込まれて自らの声となって文に書き込まれる、そういう引文なのです。

そんなこと何で分かる、と文句を呈する疑い深い（ことは現代では美徳ですが）御仁もあるかもしれませんので、説明します。

『性霊集』巻五に、大師が入唐した折の福州《ふくしゅう》入国に際して福州観察使に宛てた上陸文書が載ってます。この時、大師一行の遣唐使《けんとうし》船は難破寸前の完全襤褸《ぼろ》船《ふね》、とても〝参考図書〟など積んである余地のない条件の下、大師は遣唐大使に成代《なりか》わって、唐を讃《たた》え、入唐の趣旨、日本人一行の紹介、をなし、目的成就を祈願する文を草しているのです。これが、中国人の役人を呻《うな》らせた、中国古典の用語に彩《いろど》られた名文でした。これが、すべて大師の脳髄から吐き出された文言です。上陸さえ許されない海岸縁《かいがんべり》暮らしでの状況で書いた文章、参考図書を見る余地などまったくありません。すべて自らの言葉として、その御口から再発令されてきた語彙《ごい》です。それこそ、華麗なる〝独創〟でしょう。大師のそのような古典への造詣は、並みのものではなかったということです。

大師は中国六朝《りくちょう》期《き》の漢学を実によく学んでいたことが知られているのですが、かつてこれを、大師は随分古い学問をしていた、と評した著名な女流作家がいました。これは奈良平安時代の日本の漢学の傾向を知らない物言いで、このころ、日本の学問世界は中国六朝のそれに極まる、というくらいに考えられていたのです。大師がそれを自家薬籠中《じかやくろうちゅう》のものにして縦横に使い、壮麗なる文章をものした、ということです。空海の文章の素晴らしさについては、ごく最近（平成二十一年）静慈圓《しずかじえん》氏が『空海の行動と思想』（法蔵館）で書いておられますので、ご覧ください。

これで、今の文章にかかる説明は、ほぼ出尽くした、と思われます。要するに、『性霊集』にある文はどれも、教理を展開させるものではありませんが、その華麗さにおいて、大師の行動拠点を明瞭に示しながら、大師思索の究極である〈曼荼羅世界《まんだらせかい》〉を言葉というもので表現した、と言えるように見えませんか？

《コラム》

科学と非科学の間

若いころ読んだ、「元寇《げんこう》」を論ずる研究書の一節が忘れられません。この元寇に立ち向かったのは武士、この武力あればこそ元軍の脅威を跳ね返せた、当然平安貴族体制ではとても対処できず、旧仏教勢力は護摩祈禱《ごまきとう》に精出すだけで、何の実勢も行使できなかった、というのです。うむっ？　うむっ？

確かにこの時、全国の寺院には、元軍退散祈願護摩を修する旨発令されました。御承知のように、二度の元軍侵入は遂に果たされなかったのですが、これが、その武力に拠ってか、大風のためか、はたまた護摩の功力か、どれにしても、かの文は、武力のような目に見えるものが実効あるもので、〝火を燃やすだけ〟の修法ごときはなんの効力もない、という世界観で成り立っていたことに違いはありません。前者が科学的見地、後者は非科学的、ということです。しかもこれには、その武士に寄り添ったのが鎌倉仏教、という観念が付いていました。

しかしその武士は武運長久を願って氏神と菩提寺をお参りして出陣します。護るのはその土地、先祖の名誉、カミとホトケが守護してくれると信ずるからこそ、一心不乱に闘えます。護摩の力絶大という信仰が武力を支えていました。見える武力が科学、見えない祈りは非科学、という見解こそ非科学的解釈、です。でも筆者の学んだ時代の学問世界には、こういうのがまかり通っていました。その論者が護摩の効力を信じないのはかってですが、こういう〝功力〟の効能を全く配慮しないで「時代」を分析しても、真の歴史性は画けませんでしょう。見える現象の背後に秘められた心根の後先をみてこそ、本ものの学者、と申せましょう。

近代の科学には、検証可能なもの、という条件がとりついていました。護摩は一見検証できないようにみえましょう。しかし、〝ひとの精神〟を認めれば直ちに検証可能です。かの鎌倉武士たちが九州の海際で踏ん張った「精神」を慮《おもんぱか》れば。そこに思いを及ぼせないのは近代人、これが科学と非科学の逆転現象を生みます。一歩も二歩も「ひとの精神」に立至れば、検証は可能、と心得ます。

自利、利他の精神

国を護《まも》り、家を護り、
己《おのれ》を安《やす》んじ、他を安んず
（空海『性霊集』巻四）

護國護家安己安他

一、空海密教

このフレーズは「国家《こっけ》の奉為《おんため》に修法《しゅほう》せんと請《こ》うの表《ひょう》」という文章に登場します。この表は、空海和尚自身が請来《しょうらい》した経典『仁王護国般若波羅蜜多経《にんのうごこくはんにゃはらみったきょう》』『守護国界主陀羅尼経《しゅごこっかいしゅだらにきょう》』『仏母大孔雀明王経《ぶつもだいくじゃくみょうおうきょう》』等の、この教法を高雄山寺《たかおさんじ》において、「国家の奉為に」諸弟子等を率いて教え修したい旨、天皇に願い出た文です。そして、来月の一日より始めたいのですが、その修法をしている間は当場所を離れたくないので、その間大変失礼することがあるかもしれません、ということも付け加えています。例えば天皇から何か急の仰《おお》せがあっても、直ちには応じられないことがあるかもしれない、ということを、あらかじめお断りしておこうという気持にもとれます。言い換えれば、天皇からの御下問《ごかもん》に万が一にでもすぐに答えられないような事態は考えられない、ということでしょうか。

更にいえば、自分（空海）が唐長安で受けてきた法は「金剛乗法門《こんごうじょうほうもん》」、これは「仏の心肝《しんかん》、国の霊宝《れいほう》」であるから、唐朝においても宮中内外に率先して「持念修行」せしめている、天竺は言うに及ばず、ということも付け加えております。

で、かの経典類は仏が特に国王のために説いたもので、そこには、この「国を護り、家を護り、己を安んじ、他を安んず」る秘妙の道が説かれているといいます。つまり空海自身がこれらの経典類を統括的に把握して、その精髄をまとめるとこうなる、という文言とみなされます。そういう意味では、これらは経典の言であって、空海自身の直言とはいえない、というかもしれませんが、経説のその部分に着目したのは、紛《まぎ》れもなく空海であって、その着眼力を含めて、空海の想念を探ってみたいと考えるわけです。だいたいに、空海をはじめとして各祖師の仏教はその祖師の〝着眼点〟の仏教、ともいえると考察できるからです。

さきに「己を安んじ、他を安んず」をみます。この文言はかの経典説文にはありません。でも、これは大乗仏教の真骨頂でもありましょう。いわゆる〝自利・利他〟の精神であります。空海の理解でいう限り、密教といい条、大乗仏教の一隅にある仏教であることは、言うまでもありません。近時、密教の名でいささか危険な匂いの仏教が語られる場合があります。確かにインド密教の一部にそういう要素のあることは否定できません。それは空海の時代にも、否、空海の時代であったからこそ、最も注意すべき留意点でありました。

どういうことかといえば、密教が西蔵《チベット》に伝播《でんぱ》し、そこで語られた密教の分類で言う最高の成仏段階・無上瑜伽《むじょうゆが》という位では、〝さとり〟が男性女性の二原理で説明されます。ですからその具体的な修行というと、結局両性合体という行為が容認されるような仏教となりますが、これをそのまま実践する如き密教を空海が語ったとしたら、儒教を基調とする東アジア仏教圏では、とてもまっとうな仏教とはみなされなかったでしょう。儒教は建前をきちんと見る文化ですから。

空海はこのことにいち早く気付いていたと思われます。以下の呉音・漢音のことは前回にも触れていることですが、話の流れでちょっと聞いてください。

真言宗が最もよく（毎日ということですの）読誦《どくじゅ》する『理趣経《りしゅきょう》』というお経がありますが、これは漢音で唱えるということになっています。その理由説明に、説示内容が聴くものをして直ちには分からないように、というようなことが言われてきました。経典というのは、ひとびとが解らなければいけないのに、判らないようにとは、なんですか。

この『理趣経』には、先に申したような儒教的にはいささかならず危《あや》うくみえる説示内容が明瞭にあるからです。平安のころ、前回も述べたように、仏教では呉音、漢学は漢音で、ということに決められました。呉音で読誦すれば、当時の仏教知識人にとってはそのままある程度理解可能であったのでしょう。だから、皮相的にのみ判られては困る『理趣経』は、聞きなれない、いささか面倒な漢音で発音する、ということです。〝面倒〟とは、例えばセイキャーボーヂーという発音があります。これ何のことかといえば、漢字でみると「釈迦牟尼」と書いてあります。シャカムニがこの発音では、やはり面倒、ではありませんか。

なお、『理趣経』漢音発音にこういう理由を付すのは密教の神秘性を強調するのに分かりやすいのですが、半ばは、要するに空海が入った長安音（中国北方音）であったということもあるのではないかと前回に申し上げました。天台さんが『阿弥陀経《あみだきょう》』を漢音で読誦なさると聞いています。

その理由説明をどうなさっておられるか存じませんが、これも天台門の留学生《るがくしょう》がむこうで聞いてきたからではないのか、とも思いますが、どうなんでしょう。『阿弥陀経』には、かの『理趣経』のような危うい部分はまったくありません。ちなみにいま、『阿弥陀経』の読誦本を初めて与えられても、呉音であれば、堂内の皆さんに付いて発音していけます。呉音は南方音、音が柔らかく耳に入ります。文部科学で、文《ぶん》武両道です。ボクにはモン《もん》のほうが柔らく聞こえますが、どうでしょう。

かくて空海は、日本の真言密教を構造化するとき、密教のこの危うい要素を慎重に取り除き、いわば儒教建前土壌にあうように日本密教を構築した、と思われます。さきの「自利利他」にもとれば、密教といえども、やはり大乗仏教の地平線上に位置する仏教として把握されるべきものである、ということです。

その上で、密教がその地平線に並んだすべての仏教を凌駕《りょうが》するような高遠性を誇るものと理論上規定し、それが十住心思想《じゅうじゅうしんしそう》だと、そんな風に思われますが、いかがでしょうか。ただし密教の心髄もきちんと残しました。そのキーワードは「即身成仏《そくしんじょうぶつ》」です。

この「十住心思想」は空海の根幹にかかわる〝思索《しさく》〟でありますが、今述べ始めますと切りがありません。いずれ正面から触れることになると思いますので、今は先を急ぎたく存じます。

二、国家と護国

「国を護り」は、文字通り「護国」であります。ここの「護国護家」は経文に現われます。後にもう一度触れます。

日本の仏教公伝が、その伝来の最初に百済聖明王《くだらせいめいおう》から欽明《きんめい》天皇への経典仏像等の献上に始まったという因縁から、仏教と王権との紐帯《ちゅうたい》が固いことは、自然の成り行きだったのでしょう。摂政《せっしょう》聖徳太子《しょうとくたいし》と仏教信仰の結びつきは、最早《もはや》伝説となっています。もっとも、時代の推移の中で、私寺も結構創られていました。仏教信仰の及ぶ世界が拡大したということでしょう。そういう時代進展の行き着いたところが奈良時代の仏教で、それを教科書的に言えば、まさに「国家仏教」といわれるものでありました。

国家仏教とは、国家が最大の檀越《だんのつ》となって仏教教団を維持していく、その代わりといっては何ですが、教団は国家の統制下（律令制《りつりょうせい》の施行《しこう》ということです）におかれ、例えば公認出家以外は私度《しど》僧《そう》として取り締まりの対象となる、というようなものでした。

全国には国分寺・国分尼寺が創建されます。その詔《みことのり》に「国泰《やす》らかに」と謳《うた》われました。そして『金光明最勝王経《こんこうみょうさいしょうおうきょう》』を所依の経典とし、創られた官寺は「金光明四天王護国之寺《してんのうごこくのてら》」といいました。その官寺では、この経典が『仁王経《にんのうきょう》』『法華経』とともに講説されます。その総元締《もとじ》めの寺が東大寺、そこには巨大な仏像が鋳造され、天平勝宝《てんぴょうしょうほう》四年（七五二）四月九日、荘厳にして華麗なる開眼法要が執り行われました。

でも、この〝国家〟仏教という言い方は、西洋史によくある、いわゆる（仏教が）国家宗教となって他宗教を禁止・弾圧するという構図を意味するものではありませんでした。神《かん》ながらの道は勿論そのままですし、国家に叛乱《はんらん》しない限り、人民は自分の信念を信じていてかまわなかったのです。国分寺が官寺といっても、近時各地の遺跡国分寺址が発掘されつつありますが、名もなき農民の寄進跡が出てきたりします。自分のムラの神さまに祈りをささげつつ、今度出来る天子さまのお寺もすっごくご利益あるそうな、と何がしかを寄進する農民のすがたが目にみえるようではありませんか。

聖武《しょうむ》天皇からして、開眼法要年の「天平勝宝」という四文字年号は、天皇が道教かぶれしていた証左といわれます。日本にはいずれ、〝弾圧〟どころか所謂《いわゆる》「神仏習合」の時代が訪れます。聖徳太子の〝和の精神〟がここに生きた、といえましょう。禁止されたのは、宗教に名を借りた叛乱は言うまでもないですが、税金逃れの似非《えせ》出家とか、社会を著《いちじる》しく紊乱《びんらん》させるような異常行為です。有名な〝行基《ぎょうき》〟が当初弾圧されたのはその異常行為とみなされた部分でしたが、結局のちに彼は大仏建立勧進僧《かんじんそう》のトップに抜擢されました、日本という国では〝徹底〟弾圧というのはどうも性に合わないようです。なお近時、聖徳太子はいなかった、式の本が売れていますので、このことにも触れなくてはなりませんが、これもいずれの機会にしたく存じます。

さて平安になって、空海の口から「護国」が登場したということです。自分も「護国」の祈りをささげたい、という公式宣言とみられます、この表文は。後に詳しく述べますが、この文は空海が帰国入京後、国家（天皇）に対する初めての発言といっていいものです。そこで、自らが持ち来たらした品目から護国経典を選び護国を願って、金剛乗法門を体した己が講経して、これまでの入唐求法《にっとうぐほう》にかかる自分の行状を許してくれた天皇（これは桓武天皇）に報じたく、という文面と見定められます。

現代《いま》、真言宗といえば鎮護国家、というのが教科書の定番ですが、あの当時は金剛乗（密教）の法門が〝護国〟に功力ありとは、日本国の天皇以下誰もが知りません。きちんと宣言しなければ、密教が（例の）大いなる誤解さえ受けるかも知れず、ここは積極的に申し出て、日本仏教の伝統的テーゼである「護国」が密教にも有ると、密教の存在意義を天下に知らしめる、こういう想いもあったに違いありません。真言宗＝鎮護国家の図式はいつにここから始まった、といえるのではないでしょうか。

注目すべきは、「家を護り」であります。前述した如く「護国、護家」は経文にある文言です。では空海はそれを鸚鵡返《おうむがえ》しに借り記述したに過ぎないのでしょうか。経文といいますが、それは仁王経の『――陀羅尼念誦儀軌《だらにねんじゅぎき》』にあるのです。儀軌とは修法に助する儀式用規則の類いを次第化したもので、この儀軌は空海の請来目録にもあります。もうひとつ良賁《りょうび》という学僧の『仁王経疏《しょ》』に「護家護国」とでてきます。これも目録にあり、しかも良賁の著作は空海が学んだ頃の長安仏教界では有効に機能していたもので、空海はこのほかにも『弁凡聖因果界地章《べんぼんしょういんがかいじしょう》』を齎《もたら》して貴重に使用しています。要するにこの語彙は、空海がこれらの典籍説示を咀嚼《そしゃく》してあらたに自己表現した、という類いの、もしかしたら空海の前半生自身の想いをこめての、語彙とさえ、みられるということです。

近代の世の中ならば、国家に対する自己という自我意識の発露として、「国」があれば「家」あり、とは当たり前のように思われるかもしれませんが、千二百年以前のこの列島の社会を想定すれば、国家〝全体〟に対する「家」という〝個別〟を文面に措定《そてい》することは、画期的といってよいのではないでしょうか。経文にあるから、そのまま写しておこうという程度では終わらない重みを有する語彙、ここに着目した空海の眼力は、時代を超えているとみたいです。

「国」は天皇を頂点とする列島を支配する組織体としての国家、今風にいえば、徴税能力を有し、それを実行する組織体であります。ただし中央政府の権力が及ばない荘園もあったでしょう。が、空海のいう「国」は、そういう部分も含めて「国家」であったと思います。何故って、支配される農民からみれば、どっちでも同じだったからです。空海はそれを忘れていないと存じます。

現実にその組織体内に一軒一軒の「家」があることは当り前として認めていても、それを〝護る〟と高らかに謳い上げる、というのは、まことに新鮮な提言ではなかったでしょうか。少なくとも、奈良仏教の「護国」にはなかった発想ではないかと思われます。

想像を逞《たくま》しくすれば、空海が自身の生家に負っていた感謝の念がにじみ出ている、とさえ思えます。というのも、空海が唐長安以下の諸方において調達した夥《おびただ》しい品目の、費用はどうしたのだろう、と考えるとき、一つには生家からの援助、というのが、素直な答えの一つとなります。この費用の件については研究している専門家がおられますので、その成果を頂くならば、確かその一つに、生家の支えをあげておられたと思います。なお空海の後援者については、次節でも触れます。

三、動乱鎮国

この度の「表」は「弘仁《こうにん》元年（八一〇）十月二十七日」発表されました。前年の七月頃、空海は入京し、高雄山寺（いま神護寺《じんごじ》が通り名です）に入りました。帰国は大同《だいどう》元年（八〇六）十月大宰府《だざいふ》に着、直ちに『御請来目録』を朝廷に提出しますが、何の音沙汰もなしに当地に留め置かれる状態となりました。これから入京までの約三年間、どうして空海は留め置かれたか、古来やかましく語られています。たとえば……！

大同元年の三月十七日桓武《かんむ》天皇崩御《ほうぎょ》、桓武さんは空海に好意的であらしゃいました、と言われています。有力な庇護者《ひごしゃ》を失った、ということです。庇護者といえば、叔父の阿刀大足《あとのおおたり》との関係で伊予《いよ》親王《しんのう》（桓武天皇の第三子です）がいますが、大同二年（八〇七）十月謀反《むほん》の罪を着せられ憤死します（後に名誉回復成りました）。これも空海には痛かった、ということです。かの長安での仏具類調達費用に、この親王の援助という可能性も考慮されています。

いささか不謹慎な想像でしょうが、最澄側の妨害？　も謂われました。帰国直後の目録をみて、空海の齎《もたら》したものの真価に気付いた最澄が云々、というのです。でも入京後直ちに接近したのは最澄さんでしたよ。何で邪魔することがあろうか、と思いますが、ただ最澄さんの知らないところで、周囲の分らず屋が邪推してなにか小細工したものも無いとは言えない、かもしれません。でも、その空海の目録の真価が了解できたなら、そのものの眼力をこそ讃えるべきでありましょう。桓武天皇の後継者は第一子の安殿《あて》ノ皇子《みこ》、即位して平城天皇《へいぜいてんのう》となりますが、この方、いささか内向的な方と伝えられます。それで空海とは肌が合わなかった、というようなこともいわれます。でもこのお二人、お会いなさったことがあったのでしょうか。ただし「内向的」というのは若干考慮のうちに入るかな、ともみられます。この天皇、大同四年（八〇九）四月病気療養ということで退位してしまいます。病気は神経疾患、強度のノイローゼであらせられた、というのです。どうしてそうなったかというと、例の伊予親王の変、です。この怨恨《えんこん》の霊が祟《たた》るという恐怖に耐えられなかった、というのです。存命中の霊魂と肉体が一体のときは、霊魂の想いは肉体の動きに現われて、誰にも見えますから、対処しやすい。肉体が死して順調の死なれば霊魂も消滅しますが、若《も》しそこに強い恨みなど、この世に対する深い思い残しの情念があれば、それを包含する霊魂だけは生き残って当該者に悪さをする、という観念です。この御霊《ごりょう》信仰は、古代にあっては人びとの生き方に著しい影響を与えるものでした。もっとも、霊魂を精神と言い変えれば、現代でも精神と肉体の関係は濃密な作用を及ぼし合うものでありましょう。ほら、自分は負けることはない、と仕切りと暗示をかけるアスリートがいるではないですか。

もうひとつ、偉大なる父・桓武天皇の長子ということも重圧と感じていたかも、ともいわれています。親父が余りに偉いと、息子たるもの（ことに長男は）何に付け意識過剰となってしまうものですよね。しかし長男さんって、内向的と言われたって、万事について慎重になるものですよ。何しろ跡取りという、地位ですもの、これ他の兄弟とは段違《だんち》、なんです、やんごとなきお家に限らず。

平城天皇退位で、大同四年（八〇九）四月十三日次弟の神野《かみの》親王が即位し、嵯峨《さが》天皇となりました。その七月和泉国司《いずみのくにつかさ》に空海を入京せしめるように、という太政官符《だじょうかんふ》が発せられたのです。こんな時系列の挙句の入京でしたから、先のような色々な噂が飛び交うこととなったと思われます。神野親王は若きより聡明闊達《そうめいかったつ》、学問を好み、霊威さえかもし出す如き才子であったといいます。でもこれって、次男以下の気楽さではないでしょうかねェ〜。まあ悪いことではありませんが。そんなこんなで空海とはうまがあったなどともいわれます。なおこの時、空海は和泉国にまでは来ていたようですね。槇尾山寺《まきおさんじ》にいた、などといわれています。空海が二十歳《はたち》のとき勤操《ごんそう》について得度したと伝説されるお寺です。得度の年次問題はいずれまた。

ところで退位した平城上皇は旧都平城に入り、神経快方に向かうとともに、再び政治に口を出すようになり、「二所朝廷《にしょちょうてい》」などと取りざたされる事態になります。弘仁元年（八一〇）九月六日上皇から平城遷都《せんと》の詔発せられ、すかさず嵯峨天皇は、坂上田村麻呂《さかのうえたむらまろ》と藤原冬嗣《ふじわらのふゆつぐ》を平城京再建計画の名目役を与えて平城に送り込み、監視させます。実は平城上皇には、天皇時代から藤原仲《なか》成《なり》と薬子《くすこ》という兄妹の側近がいて、まだ平安朝廷内に留《とど》まっていました。薬子は平城天皇時代の妃の母親、平城はこのお母さんと週刊誌的関係に、とかささやかれました。貴族は、愛には鷹揚、と訊《き》いてますが……？

で、同月十日仲成逮捕、佐渡権守《さどごんのかみ》に左遷して翌日処刑、薬子は追放、上皇側はこの薬子を伴って東国に逃げ挙兵の計画を立てるが、間髪もおかず坂上田村麻呂に阻止されて、薬子自害、十二日上皇は平安京に戻って出家剃髪、で一件落着しました。なんとも電撃的といってもいい素早い解決でした。これが嵯峨天皇主導で為《な》されたのであれば、やはり評判通りの賢明な天皇であらせられたと申せましょう。嵯峨天皇即位のときに、平城の皇子高岳《たかおか》親王が皇太子に立てられていましたが、このたびの事変で廃嫡《はいちゃく》、天皇異母弟の大友《おおとも》親王を皇太子に立てます。のちの淳和《じゅんな》天皇です。

なお高岳親王は、のち（そのとき、という説もありますが）に出家し真如《しんにょ》と名乗って空海の弟子となります。高野山の親王院はそのゆかりの寺です。この真如さん、地震で落ちた大仏頭部修復の主任などしたあげく、八六四年長安に居ました。その頃の唐仏教界は、二十年ほど前の会昌《かいしょう》の破仏の余韻がまだ冷めやらず、そんな長安に絶望したのか、真如は遂に天竺を目指します。

八六五年一月二十七日広州を出帆して、ああなんと、消息不明となってしまいました。のち八八一年留学僧が、親王らは羅越《らえつ》国で死亡、という情報を齎《もたら》しました。虎に食べられた、というような話も伝わっています。どうあれ、なんとも数奇な生涯といえましょう。いま、マレー半島南端マレーシア側の街の日本人墓地内に、高岳親王顕彰碑なるものが建てられているそうです。一九七〇年代ですか、親王院の当時のご住職が石を持っていって建てたそうですよ。ここが羅越国か、はまだ確定ではありません。

かくして、弘仁元年（八一〇）の十月二十七日付の「護国密教宣言」がどういう意味を有するか、みえてきたように思えますが、どうでしょう。「伊予親王の変」はまったくの謀略《ぼうりゃく》のようですが、謀略が突発すること自体、〝いまそこにある危機〟です。「薬子の変」は正真正銘の大事件、処置を手間取って、乃至《ないし》誤っていたら、政府存亡の動乱になったでしょう。指導部が揺れていたら、困るのは庶民ばかりです。空海の危懼《きぐ》が察知されるところで、まさに国家を護らなければならない、というときです、今は。

それにしても、その首謀者の上皇は出家のあと、なにごともなかったような平穏な人生を終えますが、これもまた如何にも日本的（良い意味です）と申せましょうか。ちなみに弘仁九年（八一八）弘仁格《こうにんきゃく》の発令で、死刑が廃止されました。それから保元《ほうげん》の乱（一一五六）まで、中央政界では建前上死刑はありませんでした。

空海のこの宣言は、まさしくこういう連続した時事節の展開に合せて、今こそ護国の祈りを仏天に届くよう、専一に修法せんと願い出たということでしょう。〝護国〟といいましたが、この場合、空海という、この時、まだ一市井《しせい》の僧侶の自発的行動であることが、今から視るとき重要な着目点です。

奈良の国家仏教では、常に国家側からの要請が主流でありましたが、いまここでは、まだ名もなき僧の忠切な上告が投げかけられたということであります。鎮護国家、という惹句《じゃく》がどこから出来たか知りませんが、一市井人が切実に国の安穏《あんのん》を祈念する、これは、上目線からを感じさせてしまう〝護国〟といわず、平地に暮らす多数の人びとの願いを集約させた気持ちがにじみ出た〝鎮国〟という言葉の方がはるかに相応《ふさわ》しいと心得ます。

四、功力甚大

ところで、あの空海が帰国後大宰府に〝留め置かれた〟理由の問題ですが、それを考える基点として、平城天皇の時代は、一つの転換点ではなかったか、というところから始めます。

前述したように、平城の父は桓武、このあまりにも巨雄な天皇の、次というのは、否応なく社会の改変是正を迫られるものです。何故って、〝偉大〟は、それを支えるにお金がかかります。例えば平安京への遷都、遷都にどれだけの財政出動が必要か、……大変なものでしょう。それも平城京から長岡京に遷都（七八四）しての、挙句の二度目です。たった十年でこの京《みやこ》は捨てられ、平安京に移りました（七九四）。これ、ワタシのような経済にド素人の者が考えても大変だったろうと思ってしまいます。

北方蝦夷《えぞ》勢力との戦争が続発したのもこの頃です。軍事行動には、はしたでないお金がかかります。しかも軍事は何も生産しません。出る一方の財政に、時あたかも土地政策の試行錯誤が続き、思うように収入が上がりません。他方で、奈良仏教界の横暴も目立ってきましたのに、有効な自浄作用が働きません。遷都はそんな手詰まり状況を打開する手立ての一つであったかもしれませんが、結局政府機構の肥大化を招くに過ぎなくなってしまったようで、財政改革どころではありません。中央が弛緩《しかん》してきますと、地方も悪い方向にのみ真似てしまうものです。人の営みって、いつの時代もかわらないもののようですね。

そこで平城天皇政権がやったことは、この中央政府機能の整理統合、下級官吏の待遇改善、地方巡察の監督官派遣、無駄な年中行事の見直し廃止、民力の温存策、外征の縮小、等々、これって、みんな着実に実行されれば、かなりの大幅改革とみなされます。改革というものは何につけ、困難をともなうものです。今日的感覚でみれば、抵抗勢力もかなりあったかと推察できるような、状況でしょう。なかなか、すんなり、とはいかなかったのではと、かなり心配な事態であったと推察されます。平城早々の降板は、事態打開の目がなかなか明るくならない、こんなところにも原因があったのではないかというような勘繰《かんぐ》りも出来ます。上皇政治の方がうまくいくとお考えになったのかもしれませんよ。病気（が本当にあったのかどうか）治療はもっとも当り障りのない理由です。何故って、上皇になってからの平癒が早すぎません？

ともあれこの施策の遂行には、政府当事者らは相当のエネルギーを費やしていたであろうと思われ、正直九州の空海まで頭が廻らない、というような程度のことではなかったかと愚考いたしますが、どうでしょう。何しろ、今でこそ空海は日本文化の基底に鎮座する巨人でありましょうが、あの当時は何の名もなき留学僧が闕《けつ》期《ご》の挙句の帰国をしてきてしまった、のですから、政府上層部が如何ばかりのまなざしで観ていたか。それに政治改革に走る実務官僚というものは、得てして文化面への目配《めくば》りなど疎《おろそ》かになるものでしょう。当局者が意思あって〝留め置く〟認識さえあったかどうか、わたくしはちょっと疑問を感じています。それを、嵯峨天皇が即位して目聡《めざと》くみつけて、一気に呼び寄せた、というところではないでしょうか。

さてと、空海はこの修法を、一日に起首して「法力の成就に至るまで」やる、と宣します。これは仏法（ことに金剛乗）修法功力の絶対性を確信している証文《しょうぶん》ととれます。ですから予《あらかじ》め修法開始の通告をする、のです。ちょっと今で喩《たと》えると何かと思いますが、例えば気象衛星を打ち上げるようなとき、関係諸国に（これは敵対的ミサイルロケットではないですよ、と）予め通知しておくというのがあるでしょう、そのくらい影響力甚大なものと考えていたのだと思います。

ですから換言すれば、世間のほうも同様で、仏法の効能が霊力の強さを以って恐怖の修法に受取られたらそれこそ大変で、これが国家万民のための修法であるということを天下に明らかにしておかなければ公共性が保てない、そんな姿勢を読取ることが出来ると考えられます。あの寺で、何か得体の知れない修法が行われている、などと、もし風評が立てば、これは天下の一大事ですよ、みなさん！

五、嵯峨天皇

今の主題の「表」は『性霊集』巻四の先頭から二番目に収載されている文章で、以下嵯峨天皇の依頼による献上物（「書」の献納が多いです）へ付した上表文が、ほぼ年記順に列載されています。それをみると、嵯峨天皇が空海の齎した唐長安の文物に多大な関心を寄せていることが察知され、同時にその両者の関係の深まる様子が順次追えるのですが、実はその巻頭（つまりこの護国修法の「表」の前）に、もう一つ文章があります。

それは「勅賜《ちょくし》の世説《せせつ》、屏風《へいふ》に書し畢《おわ》りて献《けん》ずるの表」といいます。「世説」は『世説新語』という後漢から東晋にかけての著名人の逸話を集めたもので、南北朝の劉義慶《りゅうぎけい》撰、この文を屏風《びょうぶ》に書くようにという依頼に応《こた》え、書いたものを納めるのにつけた文です。この挿話は、嵯峨天皇が空海の能筆であることを熟知していたことを物語る事跡ですが、これには残念ながら日付がありません。ところが『高野大師御広伝』という伝記が、これを大同四年（八〇九）十月四日の文としているのです。とすると、「護国修法」のよりも少々早くなり、入京後の最初の文はこれ、となります。

でもわたくし的には、空海が自らの意思を表明する明瞭な意図を持った文章としての重みを買って、やはり当「護国修法」の表を入京後最初に置きたく存じます。少々喧《かまびす》しく資料論的にいえば、既述の如く『性霊集』には年記がありません。『高野大師御広伝』の著者は聖賢《しょうけん》（一〇八三〜一一四九）という学僧で、資料学者がよくおっしゃるように、少々お大師さん時代から離れすぎてはいませんか？　信憑性が弱まる、ということですよ。この伝記者は、巻四の年記順という構成から編纂者の意図を類推して、そういう風に措定《そてい》したのかもしれませんが、それが確固たる根拠となるか、分からないでしょう。無理してここに配当しなくても、というのが正直なところです。

とまれ、空海はこの嵯峨天皇の時世下で、一挙に花開いたという風情《ふぜい》であります。これをもってかつて、世の一部識者ですが、空海は権力に阿《おもね》る卑俗な人物、というマイナス評価を下す方がいました。これって、前にもあとにも時代《とき》の為政者にかかわらなかった祖師はひとりもいないという事実をみていないし、第一、卑俗であって何が悪い、という世界観を持ち得ない知識人を、むしろ悲しく思います。卑俗（権力）を怖がるのは、自らが卑俗（権力志向）だからでしょう、と茶々を入れたくなります。

近代になっての空海和尚の〝人となり〟に関する理解の仕方は、あきれるほど多元的様相を呈して、わたくしたちの眼前に開陳されています。これが一人の人物像かと見紛《みまが》うほどに多面的であります。そのひとつのポイントが、国家―天皇―朝廷とのかかわりといえましょう。これまでも折に触れて申し上げたこともありますから、お気づきの方もあろうかと存じますが、その触れ合いの度合いを通じて、それを〝世俗性〟と捉え、マイナス評価として断罪する、というような〝理論（理屈）〟が、巷の一方に横行しています。

これから追々述べたく存じますが、世俗性をいうなら、とりあえず空海は雨乞いを生涯何十度となく修法した、というあたりから観察を始めるべきと考えるわけで、前回を思い出していただければ幸いと存じます。

〝信修〟の効能

信修《しんじゅ》すれば則ち其の人なり。若《も》し信修すること有らば、男女《なんにょ》を論ぜず、皆是れ其の人なり。貴賤《きせん》を簡《えら》ばず、悉《ことごと》く是れ其の器《うつわ》なり。

（空海『性霊集』巻十）

信修則其人若有信修不論男女皆是其人不簡貴賤悉是其器

一、宗旨の違い

今回注目したい言葉は色々あるのですが、ことに「男女」というところです。でもその前置きに、いささか喧《やかま》しいことを、ちょっと言わせてください。

この節目の「宗旨」という意味、ことに「宗」ですが、今世間ではこれを信仰的なグループ、きつく言えばセクトをあらわす、と理解していることと思います。結論的には、実はこれに間違いはないのですが、ただこの語には、排他的とか独善的、というようなイメージが付きまとって使われる場合があって、これからお話しする中味をそういう風に理解されてはちょっとばかり不都合ですので、本来の意味を分かっていただこうと思って、付言しようと思います。

「宗」という字は「むね」と読ませ、「もと」「本源」というような意味と説明され、ここから「先祖」というような解釈も受付けています。どうしてそうなるのか。この「ウ」冠は屋根棟を四方にたっぷり張り出した壮麗な建物をあらわしています。

ウのうちの「示」、このなかの「丁」は台、カミに捧げる貢物、つまり供犠《くぎ》を載せる台です。丁字の上の「一」がその供犠そのものを象徴し、古代にあっては、供犠は新鮮な生き物が好ましいと思われていましたので、いままさに殺《あや》めたばかりの動物を捧げますが、それは血を滴《したた》らせていますから、丁字の足の両側につけられた点々は、その垂れる血を意味しています。そういう台を納めた豪壮な家屋といえば、それはまさに神殿、一族の本源的神格を祀《まつ》る御魂屋《みたまや》でありましょう。「旨」も「むね」と読み慣わしていますが、「うまい」とも読みますね。「ヒ」はおシャモジを表示し、「日」は元来「甘」であった、というと、甘いものをおシャモジで口にすれば「うまい」です。世情として、うまいものには専念してこだわる、すなわち「専一に良し」となり、これは「むね」とすべきものでしょう。

要するにこれらの語は、自分が心から是《ぜ》とするあり方を「宗」といい、「旨」とすることをいうもので、これ自体には高慢的意味合いは、まったくありません。その自分肯定の側面のみにこだわる時、独善的ニュアンスが生まれ、排他的となる、ということでしょうか。でも、本来それはない、のです。

もう一つ留意すべきは、近代になって文化行政上〝宗教団体〟を各本山ごとに、何々宗と命名する方式がとられました。これはその旨とするところを同じくする団体に宗を付けるのですから、当らずも遠からずですが、今日では事実上、その団体を区別する名のためのみに比重が重くとられるので、これも若干注意してみてください。

さて今どうしてこんなことを最初に申し上げるか、それはこれからみていこうとする今回の言葉の、でどころが出所、だからです。

二、男・女、貴・賎

このフレーズは「叡山《えいざん》の澄法師《ちょうほうし》、『理趣釈経《りしゅしゃくきょう》』を求むるに答する書」（以下「答書」と縮めて言います）に出てきます。これ、知ってる人は知っている、あまりにも有名なお手紙です。つまり、平安時代の日本仏教を開花せしめた空海と最澄という二大巨頭が、真正面から〝激突〟し〝火花〟を散した、その火花そのものを示しているような証文、とみなされているものだからです。

弘仁四年（八一三）十一月二十三日、最澄さんは空海に『理趣釈経』（『理趣経』の注釈書です）の借用状を出します。これに空海は「きびしく」その求法態度を「誡《いまし》め」た、というのです。これから両者は疎遠になった、といわれるいわくつきの書面です、の。その文章の一端に触れる以上、この〝激突〟事情に言及しなければ面白くない、ことは言うまでもないのですが、その前に、この文面の意趣を読み解いておきましょう。

ひとことで言って「信修」がいかに大切か、を強調してやまない文章です。その強調のために「男女を論ぜず・貴賤を簡ばず」というわけで、信修の効能は、男女の性別とか、身分の貴賤を云々することなく、万人に及ぶ力を有している、ということです。が、言い換えますれば、時代は、如何に男女を差別し、貴賤を区分していたか、ということです、よ。これ、平安時代という古代に発言されたのです。これはうるさく言えば、社会構造の基本をどう認識するかという問題となりましょうか。その認識に、空海は時代を超えた平衡感覚を有していた、ということでしょう。

いまの時代、男女差別はあってはなりませんし、貴賤など、論外ですよね。でも人間の歴史の変転に、差別は当たり前のように存在し、その中身も多岐に亘《わた》っていたことも事実でありました。

いや、そんな昔の話ではない、現在《いま》でさえ男女給与格差是正が叫ばれ、社会の隅々に潜む差別につき、相も変わらずいろんな話題に事欠かない昨今です。一例をあげたい、です。

小輩がまちの障害者福祉にかかわっている経験です。いつの頃からか「害」の字が平仮名に表記されるようになりました。何か不自由を有する本人さんが、「害」と漢字で書かれると自分の存在が害そのものと差別されているように思えて不愉快になる、という理由でした。地方自治体の正式文書の表記が、どこが最初だか知りませんが、雪崩《なだれ》を打つように平仮名表記になっていきました。ワタシは、でも正直なところ、何か危《あや》うい思いを消すことが出来ませんでした。そしたら案の定、つい先だって（平成二十一年七月末です）さる全国新聞に投書がありました。なんで「害」をわざと平仮名にするんだ、と。字面《じづら》に拘《こだわ》るのではなく生きる本質について考えてください、とおっしゃるのです。これ、障害者御自身からの投書です。まさにその通り、肝要な点は、障害を以て差別するなどあってはならないという基本認識、でありましょう。

「障害」は「障碍（礙）」と書きました。碍（礙）が当用漢字にないので、いつのころからか「害」が当てられるようになりました。「障碍」は体の障りになる、ハラの調子が悪い、〝胃腸障碍（害）〟というような使い方です。腹を下して差別されてはかないません、でしょう。お前は先月はピードン（軟便の擬音です、よって）だったから減俸、なんて、冗談ではないですよね。

最も本質は、いかなる差別もあってはならない、ということ、「害」を平仮名にすれば差別してない手形になるとでも考えた浅知恵など、むしろ〝差別〟隠しとなる、ということではありますまいか。でもこの投書で、平仮名表記が改まる、かどうか。何故って、役所はもはや大量の「害」福祉関係文書を平仮名表記で印刷してしまっていますから、それを刷り直すとなったら膨大な予算の超過となります。でも行政も、差別の本質問題を考えていただくことは是非やっていただきたい、と思います、ね。それと、まだ平仮名表記にしてない自治体があったら、即刻輪転機《プリンター》を止めさせてください。

三、「信修」あるのみ

さて、空海はここで、「信修」の実践こそ究極の要諦《ようてい》、だと言ってます。では何のための「信修」か。この書で空海は何を主張しているか、です。

要するに、『理趣釈経』を貸してくれ、というのに、空海は「〔あなたの〕求むる所の理趣は何《いず》れの名相《みょうそう》をか指す」と呼びかけた挙句、「理趣」の何たるかを、それこそ諄《くど》いほどに説きまくり、ダメをだしている、その「何れの名相」云々は〝断り〟の婉曲表現です。その上「古人は道《どう》の為に」道を求めたけれど、今人は「名利《みょうり》の為」に求めたがる、釈迦はその真の「求道ノ志《こころざし》」あるのみにしか説かなかったから、「時機応ぜざれば」黙然《もくねん》するばかり、「法は是れ難思《なんじ》」だからで、その法に入るには能《よ》き「信心《しんじん》」のみ、その信心を実修するのが「信修」です。ただし「信修」の真偽を見極めることは、自らでもかなり難しい、只管《ひたすら》実修あるのみですが、それには並みの努力では達成できないもので、空海もそんな人には今まで会ったことはない、でもどこかには「信修」している人が有るもので、信修しさえすれば、「不論男女」男女区別なくまさに信心実修する人といえるし、「不簡貴賤」貴賤に関《かかわ》らず悉《ことごと》くその器（能力）を持つ人となれる、というのです。

これはわたくし的には、著しく時代を超えた主張、とみたいですが、どうでしょう。どうしてって、時代は男女差別、貴賤人格観当然のころですよ、仏法の力を持ってその垣根が越えられると言う表現は、まことに何ものにも囚《とら》われない態度と思いますが。

今回取り上げた主題は、まさにここにあります。仏教の平等性が叫ばれながら、他方で古代仏教に男女差別ありと詮索する学者がいます。こう謂《い》われると、とても気になります。でも、古代の東海の小島（日本のことです）に、こういう融通無礙《ゆうずうむげ》な主張を残した先達がいるということも、記憶に留《とど》めておいてほしいと思います。

仏典を見るとき、「男女」という単純語彙は、五千六百余ありました（これは〈印仏研〉*のコンピュータがやってくれました、ありがとう）。そのなか「不論男女」は六例でした。『性霊集』は「大正新脩大蔵経」に入ってないので、六例中には入りません。その六例のうち五例までが日本の仏典、しかも皆、空海以後の著作、使い方も今の場合とはまったく違う、というもの。

＊ 「日本印度学仏教学会」といって全国区の仏教研究会です。ここで「大正新脩大蔵経」をすべてデータベース化しました。単語を入れると、たちどころに該当句が画面に現れます。すごいですよ。

面白いのは残りの一例が中国撰書に「道俗を問わず、男女を論ぜず、貴賤に拘らず」というのがありました。これ、普度《ふど》という師の編になる『盧山蓮宗宝鑑《ろざんれんしゅうほうかん》』という念仏門の本で、晋《しん》代の僧肇《そうじょう》が念仏法門を推奨するときにこう云ったというのです。念仏なら理論的（?）に納得できる主張ですが、この編著そのものはなんと（蒙古《もうこ》の）元《げん》代（日本の鎌倉時代）の著作でした。ここから振返るに、空海が「信修」を実践するものの男女平等性を主張する先見性が、特筆して見えてきたように思われます。

ついでに「不簡貴賤」を探るに、九例出てまいりました（「貴賤」という熟語は八二三例あるそうです）。うち三例が日本撰述もの、凝念《ぎょうねん》の一例と親鸞《しんらん》の二例です。いまと同じ使い方は親鸞のですが、それは念仏道が貴賤を簡ばないということ、中国撰述六例の一つが同じ使い方で新羅《しらぎ》僧の著作ですが、これも前述の「不論男女」の場合と同様、念仏にかかわる記述です。〝念仏〟が何人《なんぴと》にも開かれた修行で、その宣説《せんぜつ》に「不論男女・不簡貴賤」が登場するのは、まことにご同慶の至り、といえましょう。

そしてここで図《はか》らずも、日本仏教の中でも最も著名な親鸞聖人にお会いすることになりました。親鸞聖人は一途《いちず》に念仏門を称揚《しょうよう》し、念仏が易行《いぎょう》であると高らかに宣言したことで庶民仏教の代表者のように理解されているのですが、それは念仏が「男女を論ぜず、貴賤をえらばず」という世界観を持っておられたからでしょう。この親鸞系教団は、現代でも既成仏教教団中、最大級の勢力を誇っております。

でもこれまで辿《たど》ってきたところ、（念仏ではないですが）その先駆《せんく》が、親鸞のおよそ四百年余も前の平安の空海にあったということになりませんか。仏法「信修」の卓越性などというと、ちょっと庶民には抽象的に過ぎるかもしれません。あえて言うならば、密教に〝観想法〟といって、大日如来を思い描く修法《すほう》がありますが、これは究極の〝念仏〟ともいえる、と思います。「念」は「観」、観仏は仏《ほとけ》と一体になること、これ成仏です。

以上の探偵経過からみまするに、空海の、信修による仏法悟入に「不論男女・不簡貴賤（男女も貴賤もそんな区別関係ない！）」という主張は、時代を飛び跳ねて先んじていた、と言えるでしょう。ふたたび申しますが、時代は男・女、貴・賤の別を当然のこと（すべての価値判断の基準）とする社会でありました。真言密教というと貴族仏教、庶民には関係しない、というような〝偏見〟がいまだに罷《まか》り通っているとしたら、どうか早速ご訂正願いたい。空海の精神は、万民を潤してやまないものでした。

なおついでに、他にもう一つ、世上鎌倉仏教に特徴的な実践とみられながら、実は空海が先駆すると考えられるものがあります。

親鸞の師は法然、その著作に『選択本願念仏集《せんちゃくほんがんねんぶつしゅう》』というのがあります。念仏専一の道を宣揚する、鎌倉仏教を代表する書物で、近代になって、この書題にある「選択」こそが鎌倉仏教の特徴をよくあらわしている言葉、と理解されるようになりました。でも、そうかな、と思っています。

空海の思索遍歴こそ、「選択」に継ぐ選択の連続でありました。その青年期の処女作『三教指《さんごうしい》帰《き》』は儒教・道教・仏教の中から仏教を「選択」すると主張した作品です。そして仏教の中から密教を「選んで」入唐《にっとう》し灌頂《かんじょう》を受けます。日本に還ってきて、顕教《けんきょう》と密教の違いを発表（『弁顕密《べんけんみつ》二教論《にきょうろん》』)、「選んだ」密教の精髄が即身成仏であることを宣言(『即身成仏義《そくしんじょうぶつぎ》』)し、その立場から仏教を総括すれば十住心思想(『十住心論《じゅうじゅうしんろん》』)となる、と結論付けました。これはみな、その都度の「選択」心による成果というべきであります。空海の密教は選択なかりせば無かった仏教、これ「選択」の先駆であります。

四、〝拒否〟か〝お断り〟か、はたまた提撕《ていぜい》か

ところでこの手紙、最初に申し上げましたように、『理趣釈経』をめぐって、貸して・貸せない、の空海の最澄に対する返答書です。これをもって、平安の(否、日本仏教の)両巨頭《最澄と空海》が仲違《なかたが》いして(と思われて)、叡山―高野がそのままこの近代まで来てしまった、といわれる歴史的文書ですので、近代学問的には実に多彩に議論の的になってきました。でも今は全部とばしまして、*一つだけ確認しておきましょう。

＊ 興味を持たれる方は、武内孝善先生の『弘法大師空海の研究』(吉川弘文館)に手際よく纏められていますからご覧のほどを。但しこの本、ちょっと専門的です。

それは、この両巨頭の交際が、最澄さんの空海請来《しょうらい》書物の借覧願いから始まって、大変友好裏にすすんでいましたが、この空海断《ことわ》り状を以て突然永遠に終息した、という大筋の流れです。これが、どの学者さんもほぼ認めておられる経過の大筋で、この断り状を「拒否」とするのも、ほ

ぼ一致しています。これで、喧嘩別れ、というようなニュアンスで伝えられることになりました。

わたくしメの拘《こだわ》りというのは、この「答書」は拒否ではなくて、丁重にお断りした、ということ、拒絶とは違う、ということです。結果は同じではないか、とおっしゃるかもしれませんが、ここは一番、言葉に拘りたいと存じます。ダメだ、お前なんかに貸してやらない、と有無を言わせないのが〝拒否（拒絶）〟、これこれこういうことですので、この度はお貸しするの遠慮します、というのが〝お断り〟です。空海は丁寧にお断りしたにすぎない、これがわたくしの見解です。

そしてそのお断り文は、いささかお説教染《じ》みたのも、否定できません。それを〝御提撕《ごていぜい》〟と言います。もと禅宗あたりの言葉だそうですが、今はどの宗派でも使っているのではないですか。能《のう》化《け》（学業完成者）が所化《しょけ》（まだ勉強途中のもの）に講筵《こうえん》することですが、この時、はまだ最澄のほうが圧倒的に社会的地位は高かった、ですので〝提撕〟はあたらないのですが、この文面は完全にそうなっている、ここがこの書状の最大のポイント、と思います。

五、貸借対照表

この元々の貸借《たいしゃく》関係は、大同四年（八〇九）八月から唐突に始まりました。ホントにそれは突然でした。八月二十四日付けの借覧願書が空海の手元に届けられたのです。空海はそのとき京都・高雄山寺《たかおさんじ》（いま神護寺が通りよいでしょう）に寓居していたのですが、実はその一ヶ月ほど前、七月十六日付けでこの高雄山寺に入ったばかりでした。

空海の帰国は大同元年（八〇六）十月大宰府《だざいふ》に到着していました。でも何故か入京の許可が下りず、そのまま大宰府に留め置き状態で、このこと前回にお話しました、ね。で、高雄山寺に（一応）落着いて一ヶ月たったかどうかのとき、当今仏教界に飛ぶ鳥落とす勢いの最澄から、本を貸せ、という手紙です、よ。これはさしもの空海和尚《おしょう》も吃驚《びっくり》したんではないでしょうか。

前回にも申しましたが、空海は大同元年大宰府到着後直ちに『御請来目録』を作成し、桓武《かんむ》朝廷政府宛に提出しています。最澄はその前年の延暦二十四年（八〇五）五、六月頃帰国し、九月にはこの高雄山寺で本邦最初の灌頂《かんじょう》を施して、当時の官民文化世界に深く地歩を築いていました。翌年（八〇六）正月には天台宗年分度者《ねんぶんどしゃ》も許される栄光の真っ只中、これいつに最澄存在の賜物と心得ます。空海の『御請来目録』も予《あらかじ》め見ることが可能であったでしょう。その最澄さんからの手紙です。しかも弟子に持たせています。空海はかなり緊張した、と推量します。その推量の根拠は、空海が最澄の依頼書すべてきちんと貸出している、ということです。

その貸出し依頼の手紙ですが、私も見せていただきました（個人情報開示に感謝します）。それは、わたしの印象ですが、随分に事務的に思えるのです、よ。この〝印象〟の妥当性を客観的に証明せよといわれると困るのですが、どの手紙にもあるはずの時候の挨拶ナイ、入唐《にっとう》の遣唐使団《けんとうしだん》では確か一緒ではありましたが、二人の待遇は雲泥の差でしたから顔を合わせるような局面すら無かったでしょう（司馬遼太郎さんは、最澄が空海を遠望したように書いてますが）から、事実上両者これが初対面（この時点ではまだ顔を合わせてはいません）のはず、初めてという儀礼の言葉ひとつナイ、です。常識的には、借りるのですから入唐船時の奇遇話を枕詞《まくらことば》に文章を始めてもいいのではと、わたしナド思ってしまいますが……。偉人にはそういう常識は無用、とでも？　それにしては、空海さんの返信手紙は麗句《れいく》に溢《あふ》れています。だからさきの〝印象〟に拘るのです。下世話《げせわ》にいえば、いささかならず高ピー（な手紙）という感じ、です。

それからというもの、最澄からの借用願いが引切り無しに齎《もたら》されます。しかしそれに空海は丹念に応《こた》え、必ず貸し与えているのです、実に律儀《りちぎ》に。

さすがに最澄はん、借りるばかりではなんだカ、と思われたのか、一、二の品々を空海に贈っています。書道美術界（ばかりではないかも）で有名な『風信帖《ふうしんじょう》』、これは空海の直筆とみとめられる手紙文で、本物は国宝に指定されていますが、もと五通あったというのが現存三通、そのうちの二通は最澄さんから恵贈されたものへのお礼文です。

一つに「止観妙門《しかんみょうもん》」恵贈に、二つに藤原冬嗣《ふじわらのふゆつぐ》の手紙取次ぎにお礼し、三つは『仁王経《にんのうきょう》』借覧要求に今手元になくて戻ったら直にでもお貸しする旨の文面です。二にはご丁寧にお香が付けられていたようで、それは最澄さんの配慮と思うとちょっと微笑《ほほえ》ましい、のですが……。

天台にとって止観は宗旨、その最高論書が『摩訶止観《まかしかん》』ですが、一でいう「止観妙門」はこれそのものではなく、止観にかかわる何かの典籍だったのでしょう。最澄は最高の敬意を表したつもりかもしれませんが、でも空海にとってはどうだったでしょう。『摩訶止観』であってもどうだったでしょう。空海にはまったく必要ないものです。いずれもそれは宗旨が違うからです。この〝宗旨〟の意味こそ冒頭に申したそれです。でも空海の返辞は「頂戴供養して厝《お》く攸《ところ》を知らず」と、身の置き所もないほどに喜んだというのです。ちょっと喜びすぎでは、と思ってしまいます。しかしここが見落としていけない肝心の点で、実に丁寧、慇懃《いんぎん》、これが空海だ、ということです。

二は宛名がないのですがやはり最澄でいいでしょう。藤原冬嗣の手紙、何が書いてあったか知りませんが、政府権力者の手紙を取次ぐ、何か……?、ではないですか。しかもお香を付ける、って。冬嗣さんも、自分で直接出せばいいのに……?!。三ははっきり言って最澄が催促したのでしょう、その貸与が少々遅れるだけなのに空海は言訳を書いたのです。アタシ（度々申し訳ない！）なら、オレも暇な身じゃァないんだよ、というところ、でも空海は実にきちんと理をつめて（国の役僧が持って出てまだ返してきてない）言訳する、そんな空海なのです。空海とはそういう人だったのです。空海は礼の人、なのです。儒教文化を正確に学んだ、無用の知識人ではない、有用の教養人だったのです。私はそう見たい。要するに、最澄・空海の貸借対照表は、ここまでのところ、空海の完全出超、というところです。しかも何も、泣き言も見返りも言ってない！

因《ちな》みに、両巨頭が直接対面したのは、弘仁《こうにん》三年（八一二）十月のことです。今回の「答書」の十三ヶ余月前のことです。その頃空海は京都・乙訓寺《おとくにでら》復興の命を受けてこの寺に滞在中、ここで奈良興福寺《こうふくじ》維摩会《ゆいまえ》からの還りの最澄が立寄るということで歴史的〝接近遭遇〟が実現しました。でも結局これ一回、生涯一回の邂逅《かいこう》であったと思います。以後二人の人生は、むしろ思いもかけぬ展開を示していく、のでした。なお、例の『風信帖』には日付はあるが年記がありません。で、どれもこの邂逅以前と見立てられています。

六、友好か礼節か

さきに申しました二人の、友好から決別へ、という図式、ワタシは礼節に始まり礼節に終わった、とみます。結果は同じ、と思われる方もおられるでしょうが、肝心の「答書」の読み方が、すっかり変わる、と考えています。それと、以後の両宗間のあり方について歴史的意味付けが、すっかり違ってくるでしょう。いまは皆、喧嘩別れのまま現代まで来ている、ように理解されている、けどそうではない、ということです。過日全国新聞に、天台座主《ざす》が高野山を正式に登礼した、とかなりの大きさで報道されました、千二百年ぶりの和解？　だって。こういう俗説にわたくし達自身が乗りかねませんので。

そもそも二人の、友好―蜜月、という見方は、この「答書」の冒頭部に「契《ちぎ》れること積んで年《ねん》歳《さい》有り（多年に渡り親交してきました）」とでてくる一文から始まっています。手紙は続いて、求むべき「理趣」の何たるかを諄々《じゅんじゅん》と説き、互いの信ずる道を「信修」していこうではありませんか、と諭《さと》しているのですが、「理趣」の解説の中には、知識広博な最澄にとっては言わずもがなのこともあったのではないか、と思います。でも縷々《るる》説き尽くしたのは、借覧ご遠慮していただく上で礼儀を立てる意味を持つと考えたからと思考します。この礼儀を尽くそうとしたから、さきに申したように提撕じみたのだと思います。

つまりさきの「契れること」云々は儀礼の言葉、とみたいのです。ここで空海は二人の関係を「膠《にかわ》と漆《うるし》」の深い結びつきにも喩《たと》えます。これなど、両者交流深度の事実を表わすのではなく、空海の漢学表現力の、思わず滲《し》み出た仕儀で、空海の古典の知識が並でないことを証明している、とみるべきでしょう。

次に、手紙を読む学者の指摘するのが、同じく冒頭部の「顕教一乗《けんぎょういちじょう》は公《こう》（最澄）に非《あらざ》れば伝えず、秘密仏蔵《ひみつぶつぞう》は唯《ただ》我（空海）が誓う所なり」という成辞です。これは、顕教—最澄、密教—空海でいきましょう、いうなれば棲《すみ》分《わ》け論を展開したと理解されています。棲分け論は、かの宗旨の明確な違いを認識することです。この文の重要性は、これはどなたも指摘するところで、小輩も異論はありません。が、この度の断り状において重要、と突然認識されたのではなくて、空海仏教の当初（つまり貸し初めからです）からはっきり意識されていた基本姿勢の改めての表明、とみたいのです。何故なら、その基本姿勢あればこそ、空海は最澄の申し出に、これまで一回も断っていない、のです。いささか下世話で恐縮ですが、専攻に重なるところがある逸材は得てしてライバルになる場合が多いものですが、棲分け意識はその対抗感をなくしますから、何でも貸せるとなるのではありませんか。ちょっと下世話すぎるでしょうか？

七、信修する彼方へ

そこで、「信修」することによって、男女差別を超え、貴賤感覚から自由になって仏法に帰入できる、と言う空海のこの認識が、何から形成されたのかを考えるならば、やはりなんといっても、密教の世界観によったとみて間違いないでありましょう。

かくして、彼が選んだ密教の普遍的な性格から導かれたものなら、最澄との棲分け感覚、つまり宗旨が根本的に違うという認識も、空海はその付き合いの始まったところから既に抱いていた、と見ていいのではないでしょうか。ですから、あの突然の借用依頼にも、以後の度重なる借覧依頼にも、冷静に対処できた、と思うのですが。礼節はあくまでも冷静を保つものです。

そうするとこの度の「答書」は、貸借の付き合いが始まっても、早晩発せられて然るべきものであったとなります。でも貸借関係は続き、その『理趣釈経』貸与願い以前にも、密教に関する重要典籍が含まれることさえ、ままありました。これも看過できない事実で、空海としてはギリギリまで礼儀を尽くした、ということです。

それでは、この度の断り「答書」が、何故『理趣釈経』貸与願いというときになったか、ということになりますと、これもまた多くの学者が様々に論議なさっています。たまたまインターネットを開けてみましたら、『理趣経』で六万余件、*『理趣釈経』でも八百件余ありました。全部見切れませんが、この両者の関係については、喧嘩別れの様相がほぼ大勢を制しているようです、ね。

＊紙面の都合で「答書」の本文を、ここに示すことは出来ませんが、このインターネット中には、「答書」和訳を掲載しているのもありましたから、関心のある方は、ご覧になってみてください。

この断りの説明に、もっとも極端な俗論は、空海が法を惜しんだというものです。これは空海信奉者として感情的に否定するまでもなく、これまでにも密教典籍要求に何度も応じているという事実によって、論理的に考えて否定されるべきでしょう。法を惜しんだのなら、もっと以前に断り状があってしかるべき、ということです。

もう一つは『理趣経』の特別性による、というものです。これには十七清浄句《じゅうしちしょうじょうく》という問題句*があって、その理解には慎重にも慎重に対処しなければならない、のに、最澄の本を読むだけで解《わか》りたいという修学姿勢を諌《いさ》めた、というもの。これも、例の棲分け論法に立てば、空海が読込み済みであるべきとなります。棲分け意識は宗旨の相違を明快に認識することですから、その認識から言えば、最澄に修学態度の違いがあることは、空海側があらかじめ予感出来なければならない、となりましょう。予想もしないでいきなり断る、それはないだろう、迂闊《うかつ》というものだ、ということです。

＊　十七項目のなかには、生命の本源的欲望まで列記されているので、古来この修学には面受を基本とすると、戒められています。この文末にコラムで再論します。

正直、お断りした〝とき〟がこの時に及んだ理由を確定することは難しい、といわなければなりません。＊ ただ、さきに話題にした、喧嘩別れか否か、は一応ワタクシなりの線を出しておきたいと存じます。

＊　今ひとつの学説を紹介しておきたいと存じます。加藤精一博士によるものです。最澄はこの弘仁四年（八一三）『理趣釈経』借覧手紙の日付から八十数日前、九月一日付で『依憑《えひょう》天台集』という書物を上梓しました。「天台の伝法は諸宗の明鏡」だから、後代のために「諸宗の依憑」を集録しておく、という本です。「依憑」とは〝よってたのみとする〟という意味です。天台がたよるべき諸師をあげて、その必要とする説文を列記しているのですが、そのなかに真言法を伝持するのに不可欠な「一行」禅師と不空の弟子の「含光」が挙げられていた、これに空海は決定的な違和感を抱いた、というのが博士の推論です。この説は、「答書」の時期が〝今〟というときに至った理由を確定する推論として、明快といえましょう。

この「答書」が、怒りの檄文《げきぶん》か礼節の書状か、を客観的に証明することは、もう不可能でしょう。が、事実を連ねてみるとき、この文面が理を尽くす姿勢で書かれていることは、なんびとも認められるところではないでしょうか。〝理を尽くした〟のがくどい、とみて、これが空海の怒っている何よりの証拠、と見る方もあるかもしれませんが、他方、これは礼節を尽くしきった証拠、と考えることも許されると思います。

確かに「答書」以後の両人の交流は、潮が引くように無くなっていきましたが、これは最澄も棲分けの意味を深く認識し、自らの道に邁進することこそ「信修」すること、と自覚した証左ではないでしょうか。最澄さん、稀代の几帳面な人と評されています。あの最初の借覧依頼の手紙の素っ気無さも、知識を求めてやまない几帳面《きちょうめん》のなせる業《わざ》、と心得れば了解できます。

そして最澄は、晩年に自らの集大成の如くに、〝大乗戒壇〟の構築に命を懸けますが、これは宗旨の違いを体現して自己を確立しようとした几帳面な人格の端的なあらわれ、と理解できます。比叡山と高野山が争った史実はありません。両者棲分け論に徹底した、ということでしょう。だから両者の後裔《こうえい》は、千二百年和やかでした。世界の宗教史のあゆみから、振り返ってこの経緯をみれば、この争う史実の無いということが、二人は決裂・断絶ではなかった何よりの証拠ではないでしょうか。世界の宗教史では、ちょっとの見解の相違でも、宗教団体同士がいつまでもたたかうのは当たり前、というような現状《ありさま》ですから。

かくて最澄も空海も、真実「信修」する、その人になられた、といえましょう。「信修」すれば、争いなど論外です。この「信修」は、宗旨《むね》とする道に邁進する、と言い換えられるでしょう。わき目も振らず、であります。でも、言っておきますが、これは、ほかの分野に無理解になる、ということではありません。「宗旨」の本義に立ち返ってご理解ください。これは、この両巨頭の、その後に歩まれた足跡が広大であったことにより、おのずから証明されている、といえましょう。両者それぞれが日本の精神史に残した遺産の大きさによって、であります。比叡山も高野山も、ともに世界文化遺産に登録されています。その文化の力によってでしょう。

みなさん、これからは、どうか、この両巨頭は礼節のうちに歴史を閲《けみ》していった、と喧伝《けんでん》してくださるよう、お願いしてやみません。

《コラム》

十七清浄句の虚実

『理趣経』は「愛の経典」と、近時出版（角川書店）されたさる本に紹介されました。これで、俗界に蠢《うごめ》く私など、何か分かったような気になります。でもどうでしょう、この「愛」は明らかに近代西洋に流布している、はっきり言って世上の「肉体欲愛」に尽きるものでしょうね。これを『理趣経』は全面肯定している、という理解、わたくしは一歩も二歩も躊躇《ちゅうちょ》してしまいます。

そう理解される章句が「十七清浄句《じゅうしちせいせいく》」といわれるところ、「〃何々〃トイウ清浄ナル句ハ是レ菩薩ノ位ナリ」というのです。その「何々」が十七項目並べられます。その十七とは「妙適《びょうてき》」「欲箭《よくせん》」「触《しょく》」「愛縛《あいはく》」「一切自在主《いせいしさいしゅ》」「見《けん》」「適悦《てきえつ》」「愛《あい》」「慢《まん》」「荘厳《そうげん》」「意滋沢《いしたく》」「光明《こうべい》」「身楽《しんらく》」「色《しょく》」「声《せい》」「香《きょう》」「味《び》」。これらは確かにどれも性的行為の一局面を表記する語彙で、トップの「妙適」など「妙なる適合」、梵語はスラタで、まさしく性的交合以外の何ものでもありません。その交合過程におけるさまざまな肉体行為の形態《すがた》を具体的に示して、それが「清浄なる句」だというのです。悟りの言葉だというのです。これだけをとれば、確かに性行為は善きもの、と云っているようにみえます。

でもこれは、大日如来の教説、ということで開陳されています。我われの俗なレベルでの欲望ではない、ということです。しかも聴いているのは、八大菩薩を始めとする「八十倶胝《くてい》（億）の菩薩衆」、菩薩はこの地上に居ますけど元来悟りを約束されているひとたち、八大菩薩はその菩薩の中の菩薩、と目される方々、です。この解釈としては、古来、比喩《ひゆ》表現、というのが喧伝されていますが、こういう菩薩さんを相手に、こんな比喩をする必要があるか、一寸考えものです。で、これは、悟って禅定に入って居る如来の、その悟り感覚（状態）の肉体生理を解剖学的表現で分析したもの、とみたいです。古代インドには瞑想《めいそう》に入って無我《むが》の境地に浸《ひた》る行者は少なくなく、事実としてこの恍惚状態に入る真言行者が居た、と考えます。この説法は「他化自在天宮《たけじざいてんぐう》」で為《な》されたということに構成されています。この天は三界《さんがい》（欲界・色界・無色界）のなか、生命欲のまだ存在する欲界（六つの欲天・界あり）の一番上と位置付けられるところ、ここを讃えるには「吉祥《きっしょう》」で、というから、この世で最も美しい世界、となります。ここなら人間生理も、純粋欲の発露するところ、とみなされましょう。ですから、卑近の有り触れた欲望充足とは桁外れに異なる、いわば崇高な生命欲の表現、そういう意味での「比喩」、とみなければ、誤解することとなるでしょう。

精神即肉体、肉体即精神

心暗《くら》きときは、即ち遭《あ》うところ、ことごとく禍《くわ》なり。眼《まなこ》明らかなれば、途《みち》に触れて皆な宝なり。

（空海『性霊集』巻八）

心暗即所遭悉禍眼明則触途皆宝

一、お供物

この度のフレーズは、一見あまり〝解説〟する必要が感じられないような、簡単な一文にみえるのではないかと存じます。〝心〟と言い出すところから、近代西欧的合理主義で言う、一種の精神主義で理解できるように思えるからです。でもこの〝精神主義〟という言葉、近代人が誤解しやすい言い回しで、このフレーズには、密教的に言えば、実はその奥に、〝人間〟というものをとらえるに、超俗の把握法が潜んでおりますので、是非一言したく、取り上げました。何が潜んでいるのでしょう。

この文が登場するのは「招提寺《しょうだいじ》の達親文《だっしんぶん》」といって、「承和《じょうわ》元年(八三四)二月十一日」に書かれた文です。「承和元年云々」といえば、空海入定《にゅうじょう》の十三ヶ月と十日前です。「入定」とは、大師は今でも高野山奥の院で坐禅し禅定《ぜんじょう》に入られておられるとみる信仰の表明ですが、とりあえずお釈迦さまの顰《ひそ》みに準《したが》えば〝入滅《にゅうめつ》〟です。「招提寺」は、鑑真和尚《がんじんわじょう》で有名な、あの唐招提寺です。「達親《だっしん》」とは〝施物《ダクシナー》〟を意味する梵語の音訳語で、要するに、お供物《くもつ》を上げるときの願文です。

その全文は、はじめ三分の一で如来の悟りの素晴らしさを讃え、中三分の一で鑑真の高弟・如《にょ》宝《ほう》の功績を賞讃し、後三分の一で如宝の法弟・寿延《じゅえん》なる僧を筆頭とする百余僧に『大乗涅槃経《だいじょうねはんぎょう》』をはじめとする百二十七巻余の大乗諸経を写経せしめ、(故・如宝のために)講読しましょう、という趣旨を述べています。

その冒頭に、煩悩の風（「念風《ねんぷう》」と言ってます）吹けば静かな海も波立ち、悟りの名月が出れば智慧の山の聳《そび》えているのがあきらかとなり、と発音《ほっとん》し、継《つ》いでこの度のフレーズが述べられます。

そこでこの冒頭でいっている趣旨にあわせてこのフレーズを理解するならば、この心「暗き」は、心が煩悩無明に覆われた状態を言うのでしょう。したがいまして、つぎの眼《まなこ》「明らか」は、それが取り払われた状態といえます。心洗われれば、観るもの聞くものすべてが平明に輝いて見えるようになる、すべてが〝宝〟に見えるというのであります。かの精神主義の最たるもののヨウにみえます。

如来の覚《さと》りというのはそういうことを体現しているものなんだ、というのがこの段落の意ですが、ここではそれを、〝心と眼〟という私たち生身に移し替えることの出来る単語で言ってくれていますから、凡夫の私たちとしては、いろいろな処世観で読むことが可能となります。

そして、この〝心と眼〟といえば、わたくしたち現代人は、すぐに〝精神と肉体〟という対立感覚に還元を試みる方が少なくないのではないでしょうか。それではこの精神と肉体という対立概念と、今ここに取り上げたフレーズの真意と比べるなら、どういうことになるか、という課題が想起されますが、これは後の節で考えてみますことにして、今もう少し、このフレーズの登場した文書そのもののユニークさに拘《こだわ》りましょう。

二、高野山登頂

鑑真和尚、天平宝字《てんぴょうほうじ》七年（七六三）入寂し、後を継いだ如宝も八一五年亡くなっています。空海はここにもう一人登場した「寿延（その時唐招提寺を主宰していたのでしょう）」を率《ひき》いて、この時、大法要を催したということのようで、空海は如法とその生前に親交をかわしていましたから、その縁でありましょう。

さきに申しましたように、空海はこの翌年（八三五）三月二十一日入定します。それは高野山でした。何時も大体京都に居られた空海が何時高野山に上《のぼ》ったか、時に話題になります。で常識的に、空海はこの承和元年（八三四）高野山に登上した、と解されていますが、今みたように、二月の時点では、奈良の唐招提寺（のあたり）に居られたことになります。空海に『法華経釈《ほけきょうしゃく》』がありますが、これもこの年の「中春の月」に「東大寺真言院」で開筵《かいえん》しています。それ、二月のことです。この真言院、灌頂《かんじょう》道場のことを言うのですが、これは東大寺に早くも弘仁《こうにん》十三年（八二二）二月には建立されて、そのとき鎮護国家《ちんごこっか》の真言修法《しんごんしゅほう》がおこなわれています。更にそれに先立つ弘仁十年（八一九）には、空海が「金光明四天王寺護国之寺《こんこうみょうしてんのうじごこくのてら》」という扁額を東大寺に揮毫《きごう》していますから、この頃東大寺はほとんど真言の寺、といっても過言ではありませんでした。その東大寺の記録をまとめた『東大寺要録』という本によれば、空海はこの年（八三四）『般若心経』に注釈した『般若心経秘鍵《ひけん》』をものしてもいます。

以上この年（八二四）の二月ごろは京都・奈良での活動でしたが、同年の八月二十三日付け文書があって、これには「金剛峯寺《こんごうぶじ》」に塔を二基建てて、胎蔵・金剛界の両曼荼羅《まんだら》を建立したいのでその寄付者を募《つの》りたいといっています。この文は、書こうとすれば京都にいても書けるものですが、常識的には御山《おやま》に上ってからの文書とみるのが自然だと思います。

つまり二月から八月までの間のいつかに登頂された、ということでしょう。同年十二月には、宮中のなかにあるお堂で、正月の八日から一週間、鎮護国家を祈願する真言法を修すべき旨の願い状を提出し、何と早々と同月の末には許可が下りています。これが「後七日御修法《ごしちにちみしほ》」といって、今に至るまで一千百年余続けられている真言宗最勝の法要でありますが、ただ現在は東寺の灌頂院で、真言宗各山挙げて行われています。

八三四～五年の最晩年には、東寺に三綱制度の選定が許されたり、真言宗年分度者《ねんぶんどしゃ》三人を賜ったり、金剛峯寺が定額寺《じょうがくじ》に指定されたり、真言宗にとって重要な措置が次々に許されていますが、こういう山上での密教オンリーな発議に対して、下界では、この晩年にいたっても、『般若心経』とか『法華経』あるいは『大乗涅槃経』など、所謂《いわゆる》一般仏経への関心をも保ち、それなりの作品を残しておられることも、空海を理解するとき、見落とせない貴重な足跡と存じます。つまりその空海の限りなく広い関心の一端を、この度の文書が如実に示しているということです。

三、精神と肉体？

さていよいよ、当初申し上げました〝精神主義〟なるものについて、みてみましょう。〝心〟といえば精神主義、とは近代西欧の思弁に、常套句のように登場します。〝精神〟といえば〝肉体〟であります。また何故か、精神と肉体、とは心地よい響きを持って、現代のわたくしたちの耳朶《じだ》に聞こえます。この二つ、多くの場合二律背反だからおもしろいのでしょうか。

人間には、生物としての本能のほかに、何かいつも〝考えている〟という〝意識〟があります。本能だけでしたら身体の一部が機能したというだけで、二元論的問題は起らないでしょうが、〝意思ある考え〟が動き出すと〝意識を持った〟となって、その〝考え〟が高度の文化的思考に向へば〝精神〟となります。〝精神〟というとき、他方現《いま》に存在する生身の〝肉体〟があることも事実であり、そこで〝精神と肉体〟という構図に落ち着くことになりました。落ち着いたはいいですが、これが仏教、ことに真言密教ではどうでしょう。

仏教は、ひとことで表記するとき「心意識思想」といわれます。玄奘《げんじょう》さんの齎《もたら》した唯識《ゆいしき》仏教はその極めつけであります。〝心〟の分析を著《いちじる》しく深いところまで成し遂げ、〝煩悩〟の源態を極めたといえましょう。それでは、これを近代の精神主義と同義に解釈し、その範疇《はんちゅう》に限定される思想文化の一パターンにすぎないと、仏教をまとめていいでしょうか。

いま世上、ヨガという健康体操が流行《はや》っていましょう。四肢を一見かなり無理な格好にも屈折させてポーズをとり、それが自然と出来るようになると達人といわれますね、あれ。体が柔らかくなって〝健康〟というわけです。

ヨガとはヨーガ、ヨーガは漢字でかくと瑜伽《ゆが》、かの玄奘唯識仏教の基本典籍のひとつは『瑜伽《ゆが》師地論《しじろん》』といいます。「瑜伽師」はヨーガを行ずる人、「地」はその行ずべき根本行そのもの、ヨーガ行は悟りに至る具体的修行行為です。その本、少々長い（百巻ですよ、百巻！）のですが、要は肉体の行為が心も制御《せいぎょ》できる、という暗黙の世界観に裏付けられて、成り立っています。仏教のいう〝こころ〟は、まさにそういう、肉体と不可分の成分で成り立っていると承知されている〝心〟です。その〝こころ〟と身体に、二律背反はないのです。

空海は真言密教の究極を「即身成仏《そくしんじょうぶつ》」といいました。「この身このままに成仏する（救われる）」のです。この言葉、「即身」の〝身〟に注目ください。「成仏」って、〝心〟が救われる、んじゃァないの？「即心」では？

違うんです、空海は「身」こそ救われる対象だというのです。「身」が救われれば、当然身の内のどこかにある〝心〟も救われる、密教の終局はこの〝身〟の持っているすべての想念《そうねん》がそのまま救われることを説く教説だ、と看破したので、「即身」と言ったのです。真言宗では『理趣経《りしゅきょう》』というお経を大事にしていますが、そこには、生身の持つすべての欲望も、ホトケの天空を突くような情念転化で瞬時に菩薩の位なり、と説いています。これをみれば、これは悟るのは〝心〟をも包含した「身」でありましょう、「即身成仏」であります。

西蔵《チベット》の密教史では、それを生身の肉体生理に即して、かなりストレートに説いたこともありましたが、空海は、そういう表現は漢文化圏には合わないとして、かつ、ぎりぎりにまでその趣旨を表現したのが「即身成仏」であったといえましょう。要するに仏教は、ことに密教は、〝精神と肉体〟という二元論では、処理できない世界観のなかにあるのです。

冒頭のフレーズに戻れば、心暗きとき〝煩悩〟という現象に「遭《あ》う」のは、〝身体〟そのものが遭う、だから次の文で、「眼」が明らか、であると表現されたのでして、だから、心明らか、とは言わなかった、のです。

現時、〝意識〟も肉体の〝脳〟という部位の働きの一部にすぎないというような、極めて機械的な心理科学が提唱されています。筆者がいま在職している大学でつい先だって『脳が先か、心が先か』という本が出版されました。私どもの大学は文科系のみですが、文化に関しては様々な分野の先生が結集していますので、いろんな分野の先生に〝心〟を語ってもらい、一冊の本にまとめました。その結果、結論が出たわけではないですが、その機械的に分解し尽したかにみえた〝脳〟そのものが、いまだに解明不能の部分が少なくない（遠慮なく言えば、あり過ぎる）、ということがわかりましたのです、よ。

仏教は、ことに密教は、悟り（成仏）は〝脳〟のなかに、とは言いません。むしろ、その成果（成仏）が身（肉体）の一部に成就されると考える世界観を前提にして成り立っているということ、を主張するかもしれないということです。どちらかといえば、脳のはたらきも、肉体の活動の一部、というのに似かよっているかもしれません。ただし、脳は肉体以上でもないと同じように、肉体も脳以上ではありません。西欧でよく言う「たましいの救済」が〝意識（＝心）〟偏重思想であるなら、仏教は精神肉体渾然一体《こんぜんいったい》思想だ、というべきでしょう。

最初に、申し上げたい、と言ったことは、このことです。真言密教では、精神と肉体、という二元論は、ない、あるのは精神即肉体、肉体即精神だ、ということです。

……あァ、つ・か・れ・た！　って、疲れたの、精神？　肉体？

この身このまま成仏できる

六道《ろくどう》・四生《ししょう》は、みなこれ父母《ぶも》なり。蠉飛《けんぴ》・蠕動《ぜんどう》も仏性《ぶっしょう》あらざること無《な》し。

（空海『性霊集』巻九）

六道四生皆是父母蠉飛蠕動无不仏性

一、とんでもない話

――ですよね、これって。今度のフレーズの話です。

「六道」は、地獄・餓鬼・畜生・修羅《しゅら》・人・天です。この世界のすべて、つまり仏教の価値観から言いますと、迷いの世界のすべて、となります。こういう考えは仏教以前のインド古代からあったらしいのですが、仏教の世界観の形成される過程で、さらに強固なものとなったようです。それから言うと、人間世界は言うに及ばず、天界もまだこの世界の延長上に位置する、と考えていました。ですから仏教でも一応は生天《しょうてん》を認めますが、まだ悟りとは遠い、世界です。そしてインド社会では、こういう世界はホントに在《あ》ると、みんな信じていました。だからだれでも、その一番下の地獄世界など落ちたくありませんよね。せめて天界へ、です。

「四生」は、卵生《らんしょう》・胎生《たいしょう》・湿生《しっしょう》・化生《けしょう》という四つをいって、生きとし生けるものを、生まれ方から区分したものです。卵生はそのものズバリ卵からです。胎生は胎内から胎児として、湿生は虫などが湿気のあるところで生まれるように、古代人には見えたものですから、これを特別にいいました。化生は、何か化け物のように何も無いところから飛び出すものがあるとみて、これをどれもひっくるめて言ったのです。要するに、この世に存在すると考えられたものすべてをいい、どれも迷界の存在そのもののはずです。

それがみんな「父母」だというのですから、とんでもないでしょう。「父母」は地上世界に存在するものの原点、いのちの源泉です。良きものの代表、大事なものの象徴です。つまるところ、六道・四生とは淘汰《とうた》すべき悪しきあり方を言うのですが、それが良き原点とは、一体空海は何を考えているんだ、ということになるでしょう、これは。

さらに加えて、蠉飛《けんぴ》はふらふら飛び回るばかりの小虫を、蠕動《ぜんどう》はうねうねうごめく虫けら、をいいます。この世の取るに足らぬ、箸《はし》にも棒にもかからぬ（と世間で思われている）存在をさしているのですが、そんなかれらにも「仏性」があるんですって。仏性って、仏になれる性質、ホトケの資格あり、ということです、よね。

これらは、今までの大乗仏教（つまり当時の奈良仏教界です）では、決定的に否定されるものでした。こんなものに〝成仏〟など、夢のまた夢のことなんです、伝統仏教界では。それが、空海の謂《い》いでは、認められることになるのですから、空海さん、何を考えているんだ、ということになります。それでは、空海はどこで、そんなこと言っているんでしょう。

二、ご縁のひとに勧めましょう

弘仁六年（八一五）四月一日「諸の有縁の衆を勧めて、秘密の法蔵を写し奉《たてまつ》るべきの文」を発しました。弘仁六年とイッぱ（こういう言い方よくするんです、仏教では）、空海が京都に入って六年後のことです。この「秘密の法蔵」とは、真言密教を説く経論のことです。これこの時、三十五巻あって、これを書写供養してくれるよう、有縁の方々に勧める、という文章です。どなたに出したか、ここには明記ありませんが、他の手紙で判明するのもあります。空海が書いた手紙類ばかりを集めた『高野雑筆集《こうやざっぴつしゅう》』という本がありますが、その中にも同じ類いの依頼文があって、宛名がみえます。たとえば「陸州《りくしゅう》ノ徳一《とくいつ》」「下野《しもつけ》ノ広智《こうち》禅師」「甲州《こうしゅう》ノ藤原大守」「常州《じょうしゅう》ノ藤原使君《しくん》」などです。陸州は奥州《おうしゅう》、下野はいまの北関東方面、甲州は甲斐《かい》の国山梨県方面ですね、常州はおそらく常陸《ひたち》の国でしょう。このほかに宛名不明もあって、空海さん、随分各方面にこの依頼状を出しています。で古来、この文を「勧縁《かんえん》ノ書（疏）」といってます。

依頼する以上、今自分が勧める密教は素晴らしいもの、ということを言うのは当然ですが、他の宗派に比べて、どこが密教はいいのか、これを縷々《るる》説いているのがこの文章です。その結論的な最尾部に、この成句はあります。そこが、この度はとても大切なのですが、もう少し、外郭からみていきましょう。

わたくし、過日会津若松《あいづわかまつ》市に行ってまいりました。いくつかのお寺さんをお参りするのが目的でしたが、いまこのマチ、「徳一《とくいつ》」上人という坊さんを前面に押し立てて、マチおこしに夢中でした。磐梯山《ばんだいさん》は弘法大師の山岳信仰と深く結びついているのですが、なんと今は、この徳一さんと結びつけて観光しているほどです。

この「徳一」さん、こそ、あの「陸州ノ徳一」です。この徳一、最澄《さいちょう》さんとの「三乗一乗権実《ごんじつ》論争」で名を馳《は》せた人です。最澄さんの一乗思想による法華仏教に、三乗の立場から異議を挟み、この論争は日本仏教思想史上、論争の第一に記録されました。ざっと言って、三乗（声聞《しょうもん》乗・縁《えん》覚《がく》乗・菩薩《ぼさつ》乗）は一乗（仏《ぶつ》乗）に入るまでの方便（権）にすぎないという最澄に対して、三乗それぞれに厳然と悟りの差ありとする徳一、奈良の既成仏教界的考えから言えば、徳一のがぜったいに正統なのです。が、最澄も負けてはいられません。『守護国界章《しゅごこっかいしょう》』とか『法華秀句《ほっけしゅうく》』など書いて、反論しています。これ結構大部の本ですよ。それで実のところ、これらの論争は書状のやり取りで行われました（、たはずです）。何せ徳一さん、この奥州の地に来てしまっているのです。二人会いたくても、そりゃーなかなか無理ですって。

三、ひとの運命って

徳一は法相宗《ほっそうしゅう》を基本として、奈良（仏教界）に学んだ学僧でした。が、いつの頃か、奥羽の地に来てしまい、生涯この地で過ごしました、のです。奈良で勉強してた人が、なんでここまで来たのか、実は分かっていません。数奇な運命だったのでは、と推量したくなります。何故って……

徳一の御父さんは、藤原仲麻呂《なかまろ》です。この人は（これからちょっとこの人に拘《こだわ》ります）、あの大仏を造った聖武《しょうむ》天皇の皇后・光明《こうみょう》皇后の甥《おい》にあたり、聖武天皇の晩年から頭角を現し、聖武さんの譲位

（七四九年）とそのお嬢さまの即位・孝謙《こうけん》天皇の時代に力をつけ、更にその譲位（七五八）と次期・淳《じゅん》仁《にん》天皇時代に政権を完全掌握しました。* しかし、世上よく謂うように、栄枯盛衰は世の常ですって。

＊ 大体に、淳仁を皇太子に立てたのは孝謙天皇ですが、それを強く推挙したのは藤原仲麻呂でした。孝謙さん、一生お嬢さんでしたので、淳仁天皇は遠縁の方でした。例の大化の改新以後の、天智天皇と天武天皇との両系統別でいえば、聖武天皇は天武天皇系でして、淳仁天皇もこの系統であることには違いないですが、遠いです、血筋は。

天平《てんぴょう》宝字《ほうじ》四年（七六〇）光明皇后が亡くなります。翌年のこと、上皇《じょうこう》となっていた孝謙さんが病気になり、そこに登場するのが、何故か悪名高い道鏡《どうきょう》です。上皇が道鏡を寵愛《ちょうあい》した、それが過度だと言って淳仁天皇が忠告する（仲麻呂が言わせたのでしょうが）と、怒り心頭の上皇は平城京に上って権限復帰を宣言しました。上皇の道鏡寵愛の象徴は、七六三年このひとを少僧都《しょうそうず》としたことです。なにかここに、孝謙上皇・道鏡 VS 淳仁天皇・仲麻呂、という対立構図が出来てしまったのです。でも仲麻呂にとって、最大の後ろ盾《うしろだて》であった光明皇后の死はとても痛かった、といえましょう。この人、恵美押勝《えみのおしかつ》という名が有名ですが、これは光明皇后からいただいた「藤原恵美朝《あ》臣《そん》押勝」をいうものです。

孝謙上皇の権威復活を恐れた仲麻呂さんは、天平宝字八年（七六四）軍事権の更なる掌握などを目論《もくろ》んだところ、これがその九月、謀反《むほん》の不名誉を着せられ、逆に追われる立場になってしまいました。淳仁天皇の所持する御璽《ぎょじ》も上皇方に奪われて、叛乱《はんらん》として処理され、仲麻呂さん逃げる途中、琵琶湖上にて捕えられ斬首《ざんしゅ》とのこと、まことに哀れと言えましょうか。

《ちょっと余談》

女性天皇（女帝）のこと

その（七六四年）十月に上皇は、淳仁天皇を追放して、同十一月六日、自ら重祚《ちょうそ》して称徳《しょうとく》天皇となります。彼女は、七七〇年八月二十八日病死、七六六年に法王となった道鏡も、その病床中（死後という説もありますが）に下野の薬師寺別当《べっとう》に任ぜられ、下向《げこう》しているうちに天皇の死ありて遭《あ》えずじまい、暫《しばら》くして道鏡もこの地で死去、何があったか知りませんが、道鏡の身内が何人か流罪《るざい》になっています。独身女性天皇と高僧、という情況配置が、噂がうわさを呼び、道鏡にいささか言葉にはし難い（アタシとてもでないですが恥ずかしくて言えません）風評が、古来語られています。そんな与太話《よたばなし》が〝確立〟したのは江戸時代でしょうが、噂の始まりは鎌倉時代の説話集『古事談《こじだん》』という本からあるそうです。近代になって道鏡さんの復権凄《すさ》まじく（みなでっち上げ、だというんです）、代わりに藤原仲麻呂の『続日本紀《しょくにほんぎ》』制作意図を詮索することが流行《はや》っています。この正史に、上皇方のおもわしくない動向が匂わされているからです。それと〝孝謙天皇さん像〟は最も近時では、古い体質の職場で苦労する「キャリア女性」と画かれました。橋本治《おさむ》『日本の女帝の物語』の新聞紹介文にあります。因《ちな》みに、これから江戸時代初期「明正《めいしょう》天皇」まで女帝は有りませんでした。古い時代には、女帝は独身（未亡人を含みます）、という不文律があったそうです、よ。近時女性天皇でもいいでは……という論調が流行りましたが、わたくしたち庶民は、心して意見を言いましょう⁉ 今その意見は完全に沈静しました。ああー、よかった。

で、藤原仲麻呂に十一人の男子がいて、その十一番目が徳一でした。父親の叛乱ということで、子供のほとんどが死罪を受けましたが、徳一は出家することで助かりました。徳一の出生年次がはっきりしないのですが、いずれにしても父の事変のとき、二十歳以前であったと思います。出家は東大寺で、学ぶは唯識《ゆいしき》、これが時代の仏教主流学問でもありました。本道をあゆんでいたようにみえても、でも、お父さんの所業が世間でどういわれていたか、その子としての自分のこれからの運命を考えるとき、その胸に何が去来していたか。ともあれ、そんなこんなで徳一さん、下向したのでは、と考えてしまいます。でもこれでよかった、でしょう、今、鉦《かね》と太鼓《たいこ》で大々的に復活できましたから。

四、異議！あり

徳一さん、真言宗にも文句言ってます。『真言宗未決文《しんごんしゅうみけつもん》』というのが残っていて、そこに密教の疑義をあげています。そのひとつは、前回ちょっと触れました、空海さんにとっては根幹の考え方〝即身成仏《そくしんじょうぶつ》〟ということを、痛烈に批判しているのです。この〝成仏〟観は、今日の課題であります「勧縁ノ書」の中味にもかかわりますので、ちょっとばかりみてみましょう。

密教が顕教《けんきょう》に比べて何故すごいのか、この書の中で、顕教が「報応化身《ほうおうけしん》の経」なのに対して、密教は「法身如来《ほっしんにょらい》の説」だから、この密教に縁を結び、書写・読誦《どくじゅ》・修行・思惟《しゆい》すれば、三阿僧祇《さんあそうぎ》劫《こう》かからずに仏の心に直接入れる、というのです。「報応化身の経」というのは、全部たとえばなしのようなものだ、ということです。たとえ話をいくら聴いても、そんなものか、で、分かったような気にはなれるが、ことの本質（つまり成仏）には至れない、ということです。法身如来がご自分の身上を直接説かれた密教を聴聞するなら成仏に直接入れます。〝直接入れる〟が即身です。三阿僧祇劫は、いわば三回生まれ変わるくらい長い時間、です。無限の時間、と言ってもいいくらいです。これでは、要するに、〝今〟では悟れない？　となります。でもこれは、ときの大乗（奈良）仏教では正当で、空海のは〝新説〟です。

徳一が云うのは、自分の学んだ正統教義からいうように、大乗菩薩の修行は「六波羅蜜《ろくはらみつ》」と決まっている。六波羅蜜は、布施・持戒・忍辱《にんにく》・精進・禅定《ぜんじょう》・智慧です。これらを総修（ワンセット一緒に）してこそ大乗菩薩だ、と。密教経論をみると、密教の為《な》すところは禅定に入って観行《かんぎょう》をする、とあるが、これでは六波羅蜜のごく一部しか実践しない、ということで、密教では仏教の基本的修行が抜け落ちている、というのです。それに、大乗菩薩修行者が六波羅蜜を実行してやまないのは、社会に対する慈悲の実践でもあるから、六波羅蜜が無いということは、密教では慈悲も無い、となるが、どうか？　と、難じてきました。さあ、どうします、空海さん。

空海は、密教の優位性を示すために『即身成仏義』をものしました。ちょうど、この徳一が難じた方向の問題を論述しているような本です。これ、空海がいつ書いたか判然としていません。しかし文献的研究する学者によって、徳一の『真言宗未決文』にはこの本を読んだ形跡が見られないという結論がつけられてしまっているのです。つまり徳一が密教を批判する材料にしたのは、この『即身成仏義』をみて、ではなく、他の従来よりあった密教書物をみて、ということで、そうしますと、空海はこの批判書に触れてから『即身成仏義』を著《あらわ》したとみるのが常識的です。この本『即身成仏義』は、問詰《もんきつ》の原因ではなく、結果だったということです。では徳一が密教に注文をつけようと思いついたのはいつか？　端的に言って、この今回の「勧縁ノ書」を受け取ってから、ということでしょう、ということになっています。

五、密教のすごいところ

それは、いつに「即身成仏」できるというところ、これこそ空海が、当時の正統大乗仏教のいうところに比べて決定的に相違する密教の特質、としたところでありました。そして前にも申しましたように、この「勧縁ノ書」にもそのことを繰返し説きますが、その確信を、長安《ちょうあん》の恵果《けいか》和尚の言葉を引いて証明しようとしています。それは……

「自心を知るは仏心を知り、仏心を知るは衆生の心を知り、自心と仏心と衆生心と、この三つが平等であることを知ることが大覚ということ」（取意です）という言葉です。何か難しいことのようですが、「大覚」はさとり、つまり成仏ということ、己のあり方も、世間の人のあり方も、ホトケの心の直ぐ隣にいることに気付くならば、さとりそのものに没入したも同じ、というようなことですよ。かつ、それは、密教経論に縁を結んで書写・読誦し、如説修行し、如理思惟することで「父母所生の身」つまり〝この身このままに〟実現できる（これが即身成仏です）と言い、今回の冒頭フレーズに続きます。

この〝己のあり方も、世間の人のあり方も、ホトケの心の直ぐ隣にいることに気付く〟ここがミソで、つまり即身成仏はまた、生きとし生けるすべての衆生に開放されている、ということでしょう。そして空海のまなざしの地平線上には、六道のひとびとは謂うに及ばず、蠉飛《けんぴ》・蠕動《ぜんどう》の類《たぐ》いまでもがみえていた、ということです。

こういう視野の広狭は、もはや修復しがたい立場の相違です。空海はそれをきちんと認識し、それに理解の及ばない存在との齟齬《そご》があっても、〝論争〟の対象にはならない。ですから、かの徳一からの『真言宗未決文』に対する、空海の直接的な反論はありませんでした。あとは、密教世界の確立のために、自己の論陣を構築していく作業が残っているばかりであります。それが『即身成仏義』であった、ということでしょう。

現図曼荼羅《げんずまんだら》、というのがあります。空海が長安から持ち来たらした曼荼羅そのものです。その胎蔵《たいぞう》曼荼羅、『大日経《だいにちきょう》』の説くところに沿って画けば描けるのですが、何故空海 請来本《しょうらいぼん》を「現図」などというのでしょうか。『大日経』教説とちょっとばかり違うところがあるからです。曼荼羅はホトケの世界そのものですが、そのもっとも外の、最外院《さいげいん》の枠の中には六道に漂《ただよ》う輩《やから》まで描かれています。これらもホトケの世界に入誘《にゅうゆう》されていることを示したいのでしょうが、後の解釈者は、これは善無畏《ぜんむい》が感得したものとか〝解説〟します。その当否はどうあれ、大事なことは、これが『大日経』所説のそれと少々相違しても、これをヨシとして空海が持ち帰国した、というところです。それは、空海の見据《みす》えていた地平の広大さを証明する物証ともいえるものですが、この広大なまなざしの万分の一でもあればと、千二百年のちの現代にいるわたくしたちとして、つくづく思わざるを得ない場面に遭遇することがママあります。これ、わたしだけの経験でしょうか。
あまりの近視眼的思考に遭うと、絶望的な心持にさえなるということです。子供電話相談室というのがあります。相談を受ける先生の一人、受話器をとって、大人的発想で世話バナシから始めようと思われたのでしょう。ねェボク、今何やってるの？　と聞きます。ボク電話しているの！　ハッと思った大人先生、じゃァその前何をやってたの？　と。電話するためダイヤルまわしてたの！　と。これ、お子ちゃま相手だから、愉快にも微笑ましいエピソードになりますが、こんなかんじの会話が大人同士の会議であったら、アホらしくなりますよ、ね。

さてところで、このあたりの時間的経過は、以前に触れた最澄さんとの貸借関係のやり取り経過と重なる頃でもありまして、空海の思索遍歴でいえば、（堅く言って）〝教学形成の時代〟などと言われています。ただしわたくし的には、空海さんにとって顕教と密教の違い意識そのものは、すでに入唐《にっとう》時から抱いておられた認識、とみたいと思っています。著述はこの頃成ったのでしょうが、アイデアは既に持っておられた、ということです。

なおついでに申上げますと、空海には『弁顕密《べんけんみつ》二《に》教論《きょうろん》』という著作があって、そこに顕教と密教の相違が明瞭に書かれていますから、これもいまの「勧縁ノ書」と前後する書物とみなされています。で、空海はこの時期《あたり》で顕密の差異をはっきり意識した、とみるのが一般的のようですが、いま申しましたように、その差異の意識は、アイデア的にはずっと以前からもっておられた、とワタシは考えていますが、このご著書の執筆は、今のあたりでまちがいないと思っています。これ、著述の時期問題になってしまいました。空海さんの著作でも、明記されてないものもあるのです。このハナシに入ると、今回の主題と若干離れますので、後の機会に触れられれば触れようと思います。〝後の機会〟の約束としては、例の聖徳太子に関する〝私見〟も忘れてはいませんので、あしからず。

冒頭のフレーズに戻りましょう。空海は理想の悠久《ゆうきゅう》世界を観《み》きり、かつ現実の深更淵底《しんこうえんてい》をも救いきった。しかも、これが肝要な点《ポイント》ですが、空海はその理想と現実の二つながらが、かけ離れたものではなく、同じ地平の展望に適《かな》うもの、それが例え既成仏教思想界を震撼ならしめるとしても、と掌握したところが凄まじい、ということです。

空海さんの思惑《おもい》、どこまで往《い》ったら、満足するんでしょうかねー。

四恩のあるところ、それが法界

法界《ほっかい》は惣《そう》じて是れ四恩《しおん》なり。六道《ろくどう》、誰か仏子《ぶっし》にあらざらん。怨親《おんしん》を簡《えら》ばず、悉《ことごと》く本覚《ほんがく》の自性《じしょう》に帰《き》せしめん。

（空海『性霊集』巻八）

法界惣是四恩六道誰非仏子不簡怨
親悉帰本覚之自性

一、ご法事

のっけから私事で恐縮ですが、わたくし母を平成元年に亡くしましたので、年回忌は平成のとし月と同じになります。今二十一年（執筆時）ですからあと一年半くらいで二十三回忌がやってきますが、法事するの結構大変で、今度はどんなにしようか、と、あれこれ考える時間を入れれば、一年ぐらい前から思案を廻らせ始めなければ間に合いません。でも、おかげでそのあいだ母がずっと傍にいるような、生前は何か言い合っていたもんですが……。ちなみに父親《おやじ》は、とうに五十回忌を過ぎてしまってます、んです。

で、今回のフレーズは「藤左近《とうさこん》ノ将監《しょうかん》、先妣《せんぴ》の為に三七の斎《とき》を設《もう》くる願文《がんもん》」という文章に出てまいります。「藤左近将監」という人、実はあまりよく分かっていません。文章中に「従四位下《じゅしいげ》藤氏」とありますので、従四位下くらいの位の藤原氏の誰か、ということでしょうか。この願文はその人のかわりに唱えあげるのです。「先妣」は亡き母のこと、「三七」は掛算で二十一日目、三七忌のことで、七七までは毎七日が命日になりますから、その三回目の七日忌を、この人は為《な》さった、ということ。「斎」は法要に加えてその財力に見合った振舞《ふるま》いをすること、です。これ、つまるところ、〝飲み食い〟することになりますが、近代世上の一面にみられます〝実質〟を貴ぶ、としょうする価値観からの、これは無駄、という項目に数えられ易い〝振舞い〟です、よ。でもこれ当時は、実はとても重要な〝実質〟があると考えられていた行為でありますので、のちにまた触れてみたく存じます。

この文章の法事が何時為《な》されたかは、不明です。文中「高雄《たかお》の道場に於いて」とありますから、高雄山寺で行われたことははっきりしていますが、これをもって空海さんがこの寺に常駐していた頃、ということはいえません。空海はここを離れても、この寺は弟子たちに引き継がれ、空海も用があれば立ち寄ることがままあったと思います。弘仁《こうにん》七年（八一六）以降、高野山の開創に精力を費やすことはあっても、みやこでの活動の拠点はかわらずに必要ですから、「高雄山寺」の重要性は減じていませんでした。「東寺《とうじ》」をそのうちに賜るのですが、この寺では個人的な〝法事〟をするのはどうも不釣合い、のように思考されます。どうです、今の東寺を思い描いてみてください、いまはいろんな写真集も出てますから、それを観てみて。

二、願いごと

この願文、大筋でだいたい三部に分けられます。

前文でまず、ホトケの功徳を讃えます。で、そこで具体的に名を挙げられているのが、弥勒《みろく》菩薩です。この菩薩、兜率天《とそつてん》にいて、大昔にすでに悟りを得ていましたが、いまは衆生救済のため、かりに釈尊の皇太子の身となっておられます、と。

つぎの段に、本日供養する亡者《もうじゃ》（お母さん、です）は生前とても熱心な仏教信者で、慎ましい人でしたので、その生前の徳を称《たた》え、今あっという間に三七の日が過ぎてしまいましたが、その生前に蒙《こうむ》った恩を思うと、悲しみは深く、深すぎていまだに尽《つ》きせません。それに応《こた》えるには三宝《さんぽう》の力を借りる以外にはありませんので、この高雄山寺で、お経を唱えて、ホトケを礼拝《らいはい》したく存じます、と。

そして最後段、「伏《ふ》して願わくは」と施主の心もちを慮《おもんばか》って〝願掛《がんか》け〟します。この法要を執り行う善業に乗じて〝願う〟ところは、ひとえに亡き母の成仏で、その母の美しい心を八功徳《はちくどく》水《すい》を湛《たた》えた池に花咲かせ、彼女の悟りの芽が九品《くほん》の蓮台上に、どうか開くよう、ねがいます。そして以下今回のフレーズになりますが、「悉く本覚の自性に帰せしめん」というのは、その〝願いごと〟の締めくくりの言葉です。つまり、このフレーズは、この度の「願文」全体の締めくくりの言葉でもあるわけです。

ところで、こういう法事の願文は、空海の数ある文章のなかでも、かなりたくさんあります。年忌の明記が無いのもありますが、この度のようにはっきり書いているもの、あるいは三七日忌ばかりでなく、「七七日忌」などというのも、よくあります。今に言う〝法事〟という年忌法要、身内の不幸に際し、期日を決めて供養するという、よくいう「先祖供養」、すでに空海さんの時代にたくさん行われていたということです。このことで、以下ちょっとやかましいこと、申し上げたく思います。

戦後社会の落ち着きとともにテレビという媒体が発達し、そこで教養としての番組に「仏教」が語られること、がありました。公共放送が一宗一派に偏《かたよ》ることはいけませんから、そうユウ時の〝仏教〟は、ときもところも遠いインドのお釈迦さまに直接対面しようということで、ことのほか簡単明瞭なお経のお話、となりました。が、この話は、ときの、そして現時《いま》の日本社会にある〝仏教〟とは、およそかけ離れた〝仏教〟がテレビ画面で語られることになったのです。そのときフツーの日本人が知っている〝仏教〟は、お葬式とか年忌法要に、菩提寺の和尚さんからお経を唱えてもらい、終わったら、ちょっと〝おしのぎ〟といって、参加者（和尚さんに加わってもらうこともあります）でお食事をする、というような、のが〝仏教〟と心得ていましたから、視聴者はこれとそのテレビ上に語られている仏教と、あまりに〝違う〟という印象を免れることができませんでした。しかもそのテレビに映る先生の中には、「仏教学問の成果」とか言って、そんな法事をするような仏教はホンものではない、祖先崇拝と仏教はまったく関係しない、などという〝過激〟なコメントを披瀝《ひれき》する方まであらわれ、一部知識人にもこれに同調なさる方が出るに及んで、混乱の極《きわま》りとなりました。

空海がこの願文を為《な》したこういう法要儀式は、空海が考え付いたことではありません。仏教が倭国《わこく》に伝わってきて、聖徳太子《しょうとくたいし》の時代を経験（この歴史的経験、今に及ぶとても大切な経過であったと思います）して、仏教は日本の〝文化〟に深く根付くことになったのでしたが、その経過の中で、こういう習慣が醸成されてきた、のでしょう。しかもこれ、すなわち祖先崇拝との結びつきは、日本の仏教ばかりではなく、少なからず中国文化圏の〝祖霊信仰〟という宗教情操の高揚と無関係ではなかった、と思います。私たちの祖先、古代日本列島の人びとは、そういう大陸文化の傾向を敏感に感知しながら、わたくしたちの想いでもある一族繁栄の願いをホトケに祈願する。一族の源の先祖とは、大昔亡くなったヒトも先祖ですが、もっと近い先祖もあります。それはこの間亡くなった父であり、或いは母であります。今自分たちがこの世で暫《しば》しの人生を謳歌できるのは、その先祖あってのこと、その先祖に感謝し、先に往《ゆ》かれた亡きヒトの成仏を願い、その菩提を弔《とむら》う、というそれが法事となり、文章上手の空海さんに祈願文を創ってもらって、ホトケに供える、そういう仏事が今、こん日にまで残って、いま私たちが目にしている法事となっている、ということでしょう。

確かにインドに、先祖を祀《まつ》る法事はなかった、でしょう。インド文化では「輪廻《りんね》する」という想いがありますから、〝先祖〟は〝いま〟に繋がる切れ目のない線上におわします感覚、でしたでしょう、ので、〝過去〟だけを供養する、とはならなかった、インドでは。お釈迦さまがご信者の父母の供養をした、ということはなかった、として、じゃア、その供養する形式をすべていきなり、これは仏教ではない、と断定するのは、如何なものでしょう。

〝仏教〟という人類文化は、お釈迦さま以来、〝変革に変革を〟重ねながら二千五百年余の歴史をしてこん日にまで永続してきた類《たぐ》い稀《まれ》なる文化である、と、ワタシこれまでにも申し上げてきた、ような気がしてますが（或いは授業中に言ったのかなア）、どうだったでしょうか。これ、キリスト教が旧新聖書に究極限定して正統・異端を判定する歴史を経た道とは違いますが、これ、どちらがどう、というもんではないでしょう。キリスト教さんはキリスト教さん、仏教は仏教のあゆみ方をして、今日までやって来たのです。ただ、〝テレビ〟まで造るような近代（要するに西洋物質文明、といいますか。でも画面を最初にブラウン管に移したのは日本人、だったと聞いてます）が形づくられ、その西洋に学んだ日本人が、ついそのキリスト教的な眼差《まなざ》しで何でも推《お》し量《はか》る気配の強くなったのも、認めざるを得ません。そしてテレビという権威ある（と錯覚されている）電波媒体で、有名大学の教授が、しかも学問という名で申されますから、日本でやってきた仏教、なんて、本場インド仏教とはまるで違う（非仏教だって）、というのが、いかにもホンとに聞こえてしまったわけです。でも、学問というなら、いまの最も先端の仏教研究では、お釈迦さまはいつも墓場においでになられていた、ということになりました。それはまア、法事をするわけではない、ヒトの命の無常であることをよく認識出来るのが、ヒトの体が朽ちていくことのよく見える墓場である、ということではありました。が、〝輪廻を越えて一回限りの人生を〟という世界観を確立しようとなされたお釈迦さまが、人の死を悼《いた》まなかったはずがありません、でしょう。

とまれ少々うるさく言えば、仏教という文化は〝変容〟を基軸としながら生成発展してきた文化現象、とでもいえましょうか。ですから、その発展の先で、東アジア（要するに中国文化圏です）に渡ってきたとき、そこの祖霊崇拝と会って、これと折り合いをつけながらの仏教様式が形付けられても、それも仏教なのです、よ。中国では儒教《じゅきょう》と道教《どうきょう》との狭間で、時間はかかりましたが、折り合いをつけてしまいました。わが日本では、とうとう地付きの神々と折り合いをつけて、神仏習合様式が日本仏教の正統となったのですが、それがどこが悪いというのですか、と居直りたい、です、ボク。

さっき申しましたように、七七日忌まで、七日七日が命日でして、いまでも丁寧なひとは、その都度執り行う方もあります。なお、現時のテレビ放送界の名誉のために申し上げますと、当今の教養放送で、こんなバカなことを言う先生はもはや登場しません。今は、この神仏習合思想も仏教の〝融合性〟のなせる業《わざ》で、このましいこととは言えるものの、何も非難する筋合いはない、というプラス思考で理解する先生が大多数です。何しろ、中国文化の雄・儒教とも融合してしまった仏教ですって。*

＊　なお、この文章を書き終わった後で、さる政治家が西洋宗教寛容非寛容についての発言があったとか、なかったとかで、世上を沸かせましたが、今はワタシ触れません。ただ一言。そこだけを問題視するようにみえる報道側の姿勢に、若干の危惧《きぐ》を抱くのは私だけでしょうか。

かくて、法事には祈願文が付き物です。今でも、法事をすれば、和尚さんは、それらしいセリフを唱えてくれます。その年回忌の趣旨と、そして、この善行にめんじて、これこれのことを成就できますように、という祈願文です。何か祈願したいことがあれば、それを入れてくれるようお願いするといいですよ！　ただし善良の風俗に反する願いはダメです。

三、怨みつらみ?!を超えて

さていよいよ、今回のフレーズの語句意味をみてみましょう。

しょっぱなから、「法界」は、かなり面倒？な単語です。しかも仏教典籍では、実に煩《はん》瑣《さ》に使用される単語です。例の（『大正新脩大蔵経』中の）コンピュータ化された探索機で打ち出すと四八一八八個！　ヒットしました。大体に、「ダルマ」の訳としての「法」という句、実に意味が広いです。単なる〝もの〟という意味があります、その上〝真理〟という意までありまして、実に実に幅広く使用されまして、*その間の意味具合は、とても簡単には言い尽くせぬものがあるのです。

＊「法」だけでいうと、一〇八万個強、有ると出ました。

つぎ「界」は一つの領域を示す語句と考えておいてください、境界ですよ、ひとつの世界。ですから〝法界〟をどのように理解するか、はその使用されている場合によって、千差万別、ということになります、か。

「四恩」とは何か？　とは、よく議論されてきました、いろんな意味で。「恩」というと、御恩に対して奉公する、というわが国、中世以降の武士社会（後には社会全般に及びました、ね）を支えた、いわゆる封建主義の基本的心理構造のみなもととされているものです。義務と権利、という契約によって世界は成り立つと考える近代のものの考え方には相容れない、というより、相反するとまでみなされて、そういう古い考えを温存する仏教項目は近代に相容れない、というような切り捨て方を余儀なくされてきとったものです。

大体に仏典で、この「恩」に相当する梵語は何かということが問題にされたことがありました。ということで、さる「漢梵辞典」を開けてみましたら、いろんな語句が挙げられていましたが、その一つ「ウパカーラ」というのがあって、これは梵語辞典では「援助とか親切、厚意、世話」というような意味が示されていました。古代インドに、日本中世の「御恩奉公」習慣があったとは誰も考えませんでしょうが、「親切なこと」はいつでもどこでもあったでしょう。これは仏教で言えば、慈悲の精神、そのものとなります。ですから、仏典では「六度・四等・四恩・三十七品《ほん》」などと並べられ、これらはすべて、お釈迦さまが衆生済度《しゅじょうさいと》のため為《な》さっている行為ということでありります。

そこで問題は、「四つの恩」の「四」とは何を数える？　となりますか。これで、これまでよくとりあげられてきたのが、『心地観経《しんじかんぎょう》』という般若経典にでてまいります「父母恩・衆生恩・国王恩・三宝恩」という四つであります。このお経、密教の思想も盛られていますから、空海さんもよく使用なされたのであろうということで、今日《こんにち》の理解としてほぼこの四つに確定したとみられています。

「父母恩」は説明するまでもないでしょう。父母はこの世を謳歌する自分の生存の原点です。「衆生恩」は、今的に言えば、自己の存在が社会の成員であることをきちんと認識して、みんなで力を合わせて生きていくなら、自分が一人で生きてはいない、という意識が湧いてくること、といえましょう。「国王恩」は、主権在民の現代的解釈で言えば、国家と国家の関係で調和が取れていれば平和が保てる、ことをありがたいと思う心と言い換えられますでしょうか。「三宝恩」は、仏法の平安を願うこころの果てしない奥深さへの感謝、といえましょう。

いま考えねばならない問題は、「法界は四恩」というセンテンスですよ。ある現代語訳が、法界は四恩を受けている、という意にとっておられるのをみました。これも間違いではないとは思いますが、私としては、〝四恩のあるところ、それが法界〟というくらいに理解したいと思っています。法界は四恩に満ち満ちてこそそこは、単なる世界、ではなくて、地上世界の理想的境界といえる法界となる、くらいでどうでしょう。今私たちが暮らすこの世界を、肯定的に捉《とら》えて理解しようとするとき、そこには四恩が息づいていることをきちんと意識して、それにきっちりと応《こた》える生き方をしてこそ、よりよく活きることにもなる、ということです。何事にも前向きに捉えようとされた（と私は思っています）空海さんの、突出した現状認識といえるのではないでしょうか。

「六道」はこれまでにも何度か出てまいりましたから、読者諸賢にはよくご理解されていると思いますが、空海の認識では、地獄におるものさえも「仏子」です。「仏子」は文字通り仏の子、悟りに至る（仏の救済に預れる）芽をちゃんと持っている、ということです、地獄に落ちた人さえも。これらは奈良の既成仏教思想では救いがたいという存在でした。でも空海から言えば、これこそ救われねばならない人たちのはず、ということになります。

さて、今回もっとも注目すべきフレーズが「怨親を簡ばず」ですが、シメの言葉「悉く本覚の自性に帰せしめん（これやかましく言えば、使役形《しえきけい》、というヤツです）」という方向から、考えます。これ、ちょっと唐突にみえる文言ですから。

「本覚」は仏教がいう〝さとり（めざめ）〟のことです。「覚」だけでも〝さとり〟ですが、「本」をつけることで、誰もが「本」来的には悟りの可能性を持っていることを暗示しています。ですから「帰せしめる」ということで、もと（本）居た悟りの世界に目覚めて帰れればそれでいい、というニュアンスが籠《こ》められています。〝さとり〟と言うと、つい何か遠い世界のこと、と考えがちなところ、空海に謂《い》わせれば、〝いまそこにある（本来持っていたんですから、そこにある、でしょう）世界〟といえる、ということです。これ空海さんのひとつの信念のようです。

「自性」は、そこにいる人びとの本来的な性質をいいます。その本性が、本来的には悟り世界に所属しているものなの、ということを言っているのです。で、そこに帰れるように願います、というこ
と、です。何処か別の世界にある〝さとり、なるもの〟を探して強引に獲得する、ということではなく、今この世界の本来的なあり方に気付く、だけで〝さとり〟に到れる、ということでしょう。

それでは「帰れますように」と願われるべき人びとは誰かといえば、「悉く」だというのですが、その「ことごとく」こそ「六道」の人たち、それも「怨親を簡ばず」にすべての人、ということになります。これ、ここの文脈のニュアンスを言い換えれば、六道の人びとすべて（つまりワタシたち、ですが）は、実は事実上「怨親」の狭間《はざま》に生存している、ということなのでしょうか。どうも先ほど申しました〝唐突な〟印象が、そんな風に思わせるのですが、どうでしょうか。そしてそういわれると、思わず肯《うなず》いてしまうのも事実です。

また「怨親」といいますが、これ「親《しん》」に問題はありません、よね全然。〝親《したしみ》〟ありて困る、なんて聞いたことございません。（問題）あるのは「怨」でしょう。で、「怨」はまた、人のこころを実に暗くします。〝暗い〟のに〝熱〟を持ちます。この〝熱〟、カラッとした熱さではなくて、ジリジリするような熱っぽさです、よね。これが燃え盛《さか》ると、なんでも碌《ろく》なことはありません。しかも実は人間、この想いから逃れられないことが多々あるのが実情です。ワタシなども、じっと

胸に手をあてて来し方を振り返るに、これまで何度もそんな思いに駆られた記憶は、少なくありませんです、恥ずかしい。そして何故か「親」の想いはなかなか抱《いだ》けないのに、「怨」は簡単に胸のうちに湧き出《い》だすものなのです、よねェ。

でも今空海は、そんな人間の逃れられない性《さが》ともいえる「怨親」を超えられればどんなにいいか、といっているように聞こえます。怨も親も、共に「本覚の自性に目覚めて」と、祈願することは、結局そういうことなのではないでしょうか。「簡ばず」は、さっき申したように「怨」が問題ですから、すべての人びとに有るかもしれない怨と親のありようという現実を是認しつつ、かつなん人も、いつまでも怨「状態」に囚《とら》われることは、止《や》めたらどうでしょう、ということを促しているように聞こえます。だって「怨親を簡」んでいたら、この世の中、つきあえる人誰もいなくなってしまう、「簡ぶ」なんてとんでもないことなのだ、という風に。

ボクらが若い頃までは、菊池寛の『恩讐《おんしゅう》の彼方に』が、教科書などにも採録されて、青春の読書の一頁を飾ったものですが、近年はどうなんでしょう。この「彼方に」は、超えて、ということであったと記憶しています。人生を達観すれば、「怨」など実につまらない（無駄な、と申しますか）拘《こだわ》り、なのでしょう。そういう境地にいきたいものです。

そしてこれを、シメの言葉から解釈すれば、「親」の精神を〝取り戻す〟ようにということでして、これも無理なことを無理して〝獲得〟するというようなものではなくて、なん人も持ち合わせている〝本来的に在る世界（これは本来ある世界は〝親〟の世界だということを信じましょうということでは）〟に帰及すればいい、と申されている、ように思えてなりません。こんな短歌《うた》があります。

「阿字《あじ》の子が、阿字の古里《ふるさと》立ち出でて、また立ちかえる阿字のふるさと」

「阿字」は大日如来の種字、大日如来は、三界（イマ風に言うと、宇宙の果てまで全部、とでもいいますか）に遍満（ビッシリと隙間無く満ちている）するホトケ、です。その「子」とは、仏の子、ということ、わたくしたち凡夫が、凡夫であるがままに、ホトケさまの側から見れば、円満な安穏の世界に活きられる芽を蔵《かく》していること（「仏の子」）が見える、のですって。

そういうわたくしたち凡夫が、生まれ出ずるということは、ホトケの住む世界に眠っている常態から暫《しば》しこの地上の世界に立ち居出て活動する、ということで、亡くなれば、またそのホトケの里に還っていく（立ちかえる）、にすぎない、となります。これ、要するに、ホトケの境涯（界）、という理想世界がはるかな遠い存在ではなくて、実はわたくしたちの極く近くに、何ならこの世界そのまま、と言ってもいいほど近くに有る、ということを謳っているのです。「本覚に帰する」にすぎない、となります。

他の仏典には「明珠《みょうじゅ》、掌《たなごころ》に在《あ》り」というのもあります。

空海はまた「仏法遙かに有らず、心中にしてすなわち近し」とも述べられています。

四、ふたたび〝法事〟のこと

法事の後で〝飲み食い〟するのは、無駄な出費を強要する、ということではないことを申し上げておきます。

上記見てきました願文が、利益《りやく》ある効能を発揮することの出来る力は、その施主の二心《ふたごころ》ない無私の精神から生み出される、と考えられていました。亡き人を一途に思い、その菩提を弔う一心の願いを、有縁の人びとに理解していただき、多くの人びとの賛同を得て、その後押しをいただいて仏天に己《おのれ》の気持ちを響かせる、これによってはじめて無量のご利益という雨が地上に降り注ぐ、と考えられていたのです。そういう篤《あつ》い心持を仏天にアピールするには、法要後に地上の人びとに〝飲食〟をふるまうことが最も現実的で見え易い、というわけであります。また飲食のふるまい、をするとき一瞬間でも無私になれます。

何年か前ですが、小生、バリ島を研修する経験をしました。山の上にあるヒンズー寺院へ行く時でしたが、ある村を通過するとき、交通渋滞で止められました。こんな山の道で、と思いながら、何で、と問うたところ、今葬式の行列が進んでいる、ということです。前のほうをながむれば、いままさに大行列が進行中で、その中頃には大きなホコが設《しつら》えられています。それが納棺車《のうかんしゃ》だそうで、施主の財力に合わせて、この大きさは決定するという、のです。大きいものがあるときは、公共の電信柱でも電線でも一旦取り払い、通行を容易にすると聞きました。インドネシアはイスラム教国です、が、バリ島はヒンズー教、それも祖先崇拝をしている、といいます。みれば、各お家の敷地内にそれぞれ小さなほこらがつくられています。これが、各家の祖先のすまっている、ところだそうです。

人がなぜ働くか、ここの人たちは、みずからが亡くなって葬式をするとき、できる限り盛大に出来るように、と考えるというのです。大盤振舞い（無私の精神と呼応しないでしょうか）です。この葬式に今まで稼いだ富をすべて吐き出す、とも聞きました。ちょっとの誇張はあるかもしれませんが、そうだとすれば、これで富の再配分がなされ、世間のみなさんにとっても、多大のご利益《りえき》が齎《もたら》されるということにもなりましょう。

この古代に法事を出来るお家（貴族・豪族のお家でしょう）は、そう多くはなかったとは思いますが、その人たちの散財は、何ほどか世上の人びと（衆生）を潤《うるお》したと思います。それぞれそのお家の出来る範囲で法要を執り行う、それに、空海は依頼されれば、随分多量の願文文章をものしています。それをみると、その願うところ、大曼荼羅《まんだら》を描いたり、仏像を造ったり、経文を書写したり、その行為は多彩です。そして「斎《とき》」を設ける、となって法要は完結します。

小輩として、今度は、おいでいただいた皆さまを、どこへご案内しようか、小生の大いに悩むところであります。

なお日本人は、江戸時代に、社会の安寧と経済の進展で、町人も法事が出来るようになりました。町人とは商人、これって、商人は士農工商という差別世界の下級層ですのに、その人たちまでが法事をする、凄いことです。日本って一体どういう国なのでしょう。

心が先か、外界が先か

境《きょう》は心《こころ》に随って変ず、心垢《けが》るれば、境も濁《にご》る。心は境を逐《お》って移る、境閑《しず》かなるときは、心も朗《ほが》らかなり。

（空海『性霊集』巻二）

境随心変心垢則境濁心逐境移境閑則心朗

一、永遠のテーマ？

心が先か、外界が先か、というテーマは、何か仏教にとって、人間世界を解釈する場合の永遠の課題のように思えます。この本でも、わたし、これまで何度か、このテーマに近いことを語ったように思います。今回もか、と、いささか食傷気味の御方もあるかも知れませんが、このあいだ述べた〝精神と肉体〟というのは、人間のからだ一個内に付属する〝こころと血身《み》〟の関係についてでしたが、この度は、まさしく外界と生身の人間存在との関係についてどう考えるか、という問題です。それもこの言葉は、空海さんの活動の比較的初期といえる頃の言動になりますから、空海の前期時代の考えを知るに、もう一度みておくのも有意義かな、と考えて取り上げました。

冒頭に謂《い》う「境」は外界のことです。この〝外界〟仏教哲学的に難しい概念、などではなく、ほんとうに現代《いま》に謂う〝自然世界〟のことでいいと思います。これ、この文章の登場する碑文（後ほど説明します）のねらいからして、そう読み取るべきです。ですから、この「心」も、前回の〝精神と肉体〟の精神側、というのではなくて、肉体《ボディ》を含む精神《こころ》的《の》活動《はたらき》全般を為すもの、を意味していると理解すべきと心得ます。なぜか、はこれから申し上げます。

自然世界、といえば、昨今の世上では「エコ」という言葉が飛び交い、環境保全という課題が地球規模で声高に議論される時代となりました。環境といえば、つまり自然界の環境でしょう。地球は最大の自然、人間も最高の自然。人間がこの地球に生きる以上、その地球の自然的環境を守らなければ人類存続が危うい、という危機感から（か？）、国際討議の俎上にこの問題がのせられました。もっとも具体的には「温暖化」の防止として、その削減をめぐって、国際間の駆け引きが行われていることは、読者諸氏、よく承知されていることと存じます。

そんな時流に乗ろう、というわけでもありませんが、そんな今の世界の課題を横目に見ながら、古代の自然環境に想いを馳せるのも、悪くは無い、かなと思った次第です。

二、日光山開闢《かいびゃく》

東照大権現《とうしょうだいごんげん》、徳川家康さんが神さまとなって祀られる日光東照宮、で今有名な「日光山」は、もともと「勝道上人《しょうどう》」という修行者が開いたと信じられている、山岳信仰の御山であります。このあたりのお山、日光連山といわれますが、ことに男体山《なんたいさん》・女峯山《にょほうさん》・太郎山《たろうやま》が主峰といえましょうか、このあたりのお山を御神体とする修験道《しゅげんどう》の霊山でもあります。

この勝道上人の業績を讃える碑文「沙門勝道、補陀洛山《ふだらくせん》に上るの碑」というのがあって、これをものしたのが空海でした。この碑文は詳しくは「沙門勝道、山水を経て玄珠《げんじゅ》を瑩《みが》くの碑　並びに序」といい、弘仁《こうにん》五年（八一四）八月三十日の日付があります。この年次、空海が帰国後ようやく京《みやこ》に入り、五年ほど過ぎたころですね、空海の名、なにほどか京に響いていたのでしょうか。

この碑文に書かれているところによれば、
前《さき》の下野《しもつけ》の伊博士公《いはくしこう》、法師と善《よ》し、秩満《ちつまん》して京《けい》に入《い》る。時に法師勝境《しょうけい》の記すること無きことを歎《なげ》いて属文《しょくぶん》を余《わ》が筆に要す。伊公、余《われ》に与《くみ》す、故《かるがゆえ》に固辞すれども免《まぬか》れず。虚《きょ》に課《おお》せて毫《ふで》を抽《ぬきい》づ。

伊博士公なるもの、この上人と好《よし》みを通じていましたが、役職終って京に帰ってから、上人の事績を讃えるものが無いのを惜しみ、作文を空海に頼んだ、ということです。空海さん、頼むに値する文章家、という評判が当時定着していた、ということなのでしょうか。空海は固辞した、というのですが、伊公とは旧知でしたので断り切れず引き受けた、と謂ってます。これずいぶんリアリティーがある局面ですね。空海さん、勝道上人を直接には知らなかった、そうです、よ。

さて、この碑文の、ほぼ冒頭部に、このたびの文が出てまいります。

碑文全体の最初の行は、ホトケの居場所を讃えます。そして次の行が、地上の霊地を推奨する、今回のこの文がそれです。この霊地とは日光山のふもと、ここに下野芳賀《はが》の住人「沙門勝道」が、神護景雲《じんごけいうん》元年（七六七）四月上旬をもって踏み入った、というのです。ですから空海は、この「境」を極めて明瞭に「日光山」という〝現地〟を眼底に描きつつ使った、と推定しました。元来この「境」という言葉、仏教教理学というようなところからいうと、かなり面倒な語彙なのです。今も権威ある、さる『仏教辞典』に「対境をその性質により分けて、性・独影・帯質の三類境となす」と。わかりますか？　わかりません！　で、わからなくて当然ですから、ご心配なく。解るまで、最低十一年かかるんです、よ。

が、空海さん、そんなことは百も承知ながらここは、森林鬱蒼たる日光山地の、如何にも霊気溢れる静粛の地を念頭において、〝自然〟とそこに分け入る〝ひと〟のありようの大切さを高らかに謳い上げた、のだと思います、わたくし。もっとも空海もこの時、「日光山」現地を実見してなかったでしょう。でも空海自身が若き頃、山野を跋渉《ばっしょう》してあゆんだ四国の山地を想い描けばいいのです。ちなみに、大きな島の九州を含む西日本最高位の山は、この小さな四国島にあったかと思います、確か。

　日光を知らない、ましてや勝道上人自身を知らない空海が、知己の伊博士公からの頼みとはいえ、一たんは断っても、引き受けた以上は渾身の力を籠めて書上げる、それはそれは、只単に美辞麗句を連ねたばかりではない歎徳文が出来上がりました。その証拠に、この文に描かれた勝道上人の功績、やに詳しく記されています。上人、前記申し上げた最初に分け入った際は実は、雪深く崖険しく「雲霧雷迷」するので耐えられず、三七日（半月ちょっと、ということです）で退却した、という。それからというもの、上人は何度も挑戦し、「中宮寺《ちゅうぐうじ》」という伽藍建立の日程にまで運ぶのに延暦三年（七八四）という月日をみていた、といいますから、その間の上人の労苦、並のものではなかった、と察せられます。空海の筆《ひつ》は、その努力を丹念に述し、かつその行間の合間に、日光山地の自然を余すところ無く豊富な句語をもって描き挙げた、のです。現在《いま》に読むものをして、あたかも当時の原地に立ち尽くしているかと見紛《みまご》う筆力です。

勿論それが出来たのは、伊公から「情素《せいそ》の雅致《がち》」を伺い、かつ日光山地方の記録（恐らく地誌でしょう）を所望して頂けた、からといいます。情素の雅致とは、上人の事跡の中味は謂うまでもありませんが、これに加えて、伊公さん自身の上人に対する思いの深さをも含む気持ちをいうもので、その想いの篤さをまでこの文中に籠めてこそ、依頼人の願いを真に達成したことになる、というものです。最近聞いた話ですが、すぐれたコピーライターは、依頼者の狙いをとことん聞く、そうして依頼者の思いの中にあるものを全部引き出す事はもちろんですが、更に依頼者が考えてもいなかったような＋《プラス》アルファーの狙いまで加えて発表する、というようなことだそうです。現代におけるその当否は知りませんが、少なくとも空海のこの文を看て、伊博士公は、ご満足の体であったと推察します。

この文の閉めのところで、空海、面白いことを謂ってます。「傾蓋《けいかい》の遇《ぐう》」といいます。これ、空海さん、上人を直接は知らない、が、他人《ひと》と知相《しりあ》うことは長い対面ばかりが能ではない、「意通《いつう》」ずれば傾蓋の遇だというのです。つまり路上でばったり会った者と突然編笠取って話し込む、意通ずればこれでも立派に親しくなれる、というのです。* 伊公から上人の話を聞いた空海が、上人と「意通」じた想いを持てたのはなんでしょう。考えますに、雪深く険しい磐《いわ》に取り付く上人の姿を想像して、自らが荒野を切り開いて突き進んだ若き頃のご自分の姿とダブらせたのではないかと愚考いたします。あたかも両者、ほぼ同時代の人（勝道上人が先に亡くなってますが）、といえましょう。歴史の偶然でしょうが、時代がそういう人物を生んだともいえますか。

＊「七人の侍」の主人公・志村喬が、七人の最初の侍を選定するシーンが思い出されます。志村と共に農民たちの村に行くことを決めたその侍、ワシが行くのは、お主の人柄にほれたからだ、と言います。二人が会ってわずかのやりとりの間です。でも、意《こころ》通じたということでしょう。

こういうときの苦しさ、って、雪が冷たいの、岩が厳しいの、っていうことばかりではないですよね。自分はこれからどうなるんだろう、こんなことしていていったい道は開けるのだろうか、オレの未来は、みたいな諸々の焦燥感乃至《しょうそうかんないし》孤独の想いにかられながら、その心の圧迫を撥《は》ね返して〝元気〟を取り戻さねばならない、そういう苦しさ、ですよね。功なり名なし遂げたあかつきには、あれは血肉の元、と平静に想い出されるでしょうが、〝そのとき〟は、そんなことちっとも約束されているわけではないのです。何も出来ない私など、それを思うだけで、心震えます。

それにしても、勝道上人は伊博士公というよき理解者を得、伊博士公にはまた空海という文筆に当代稀《まれ》なる旧知がいて、こういうのって、みんな偶然ですが、こうなって（碑文が天下の耳目をそばだたせる）しまうと、皆何か運命の必然に導かれてこうなった、ようにみえるのですから、なんとも不思議です。

三、自然と人間と

さて「境」です。さっきの辞書には「認識・価値判断の対象」という説明もありますので、今これを適用すれば、最初に申し上げましたように〝自然世界〟、そこにある日光山の森林山岳でしょう。とすれば、「心」はそこに立ち入る心を持った人、となりましょう。つまり、自然といっても、そこに居立した人の心のあり方でどうにでも観《み》えてしまう、ということです。或いは、〝そう〟見えてもいいのに、心濁《にご》れるものには、いくら美しい自然でも〝そう〟には見えない、ということです。

上人がこの日光の地を択《えら》んで立ち入ったのは、そこに何ほどかの霊気を察知してのことであったと思いますが、それは上人の心にそれを感知する資質・力量が備わっていたからでもありましょう。もともとその能力の無い人に、ここに霊力あるからお前入ってなんとかしろ、ったって土台無理、下手な〝開発〟するのが関の山、と考えます。仏教は〝心意識思想〟宗教といわれる、と以前申し上げた憶えがあります。その通りで、昔もいまも、おのが心を磨くことが最大の眼目であるのが仏教です。例えば、念仏門が念仏していればいい、というのも、念仏をし切ってし切って、し切りまくってこころあらわれる、のでしょう。門徒さんが、あれは感謝の念仏《ひとつ》、とおっしゃります。それは親鸞《しんらん》聖人がし切ってし切った結果のお言葉、と心得ます。

インド以来の仏教思想の根幹のひとつに「唯識《ゆいしき》」という思想があって、意識こそ至高、というこの思想では、この世の現象すべてが〝意識〞の表出、という一線上で全てをかたち造る思考構造を打ち立てました。薄暗がりの路傍に転がる一本の縄を蛇と見誤って腰を抜かす、これ縄の所為《せい》でも、蛇の所為でもない、みんなあんたの所為よ、というわけです。それはそうです、怖《こわ》い怖いと思っていると何でも怖くなっちゃう。けど、石に毛躓《けつまず》いて膝小僧を擦り剥き血が滲んで痛い、のも、お前の所為、といわれると、転んだ不注意はあたしの所為でも、ころがっていた石の存在まで自分の所為にされるのは聊《いささ》か納得いかない、滲んだ血も幻ではない、誰が見ても赤い、という異議がさしはさまれ、それでは世界のありさまを「仮に」認めましょうという流派も、あらわれました。

この「唯識」思想は、紆余曲折ありながら、今日まで千数百年の仏教思考の中核に居続けています。戦後荒廃した薬師寺を立て直した老僧はこの道の大家でしたが、遂に、太陽が地球の周りを廻っている、と天動説を容認しました。これ、老僧だって地球が廻っていることぐらい知っておられたでしょうが、唯識というものはこういうものだということを、身を削って人びとに教え諭《さと》したのですよ、きっと。だって、どっちが廻っていたって、惑うアタシの今にかわりはない、問題はその〝惑い〞を如何に克服したらいいかでしょ。太陽が廻っていると思ってこの惑いが無くなればそれも良し、当然その逆もまた良し、です。

ですからこの〝学派〟は、意識＝心の分析を精緻に成し遂げました。煩悩の元を尋ねて心の奥底を奥の奥まで覗《のぞ》いた、という体でありましたので、二十世紀初頭、西洋人がこの思想を知って、これはフロイドの深層心理だ、と叫びました。でも残念ですが、この唯識思想の突き詰めたところはもっと深い、のです。このハナシ今日はもう止めますが、もうひとつだけ謂えば、意識の根源に貴き命《いのち》あり、と人類が初めて自覚したのはこの唯識、と心得ます、私。

四、自然復活

で冒頭の句に戻って、自然が清らかなのは、それに触れる心の清らかさがあったればこそ認識されること、ここまでは、私がこれまでこの欄で何度か申し上げた趣旨をここにも敷衍《ふえん》していただければ、ご理解いただけることと存じますが、この文はもう一度回転します。ここが肝心です、よ（あとで詳説します）。

心は境を逐う、とは、そういう「心」の存在は、静かなる自然環境によって醸成される、というのです。心、こころといっても、それを取り巻く境＝自然世界の環境が問われなければならない、これの情況に左右されるのも心、というわけです。仏教は心意識思想、とはいっても、空海はここで、対外の自然環境が保たれることの大切さをも強調して止まないのです。「閑《しず》か」なる自然環境のなかに身を置いてこそ、平明なこころの安寧に浸《ひた》ることが可能となる。「朗らか」は、心あくまでも澄み渡り、揺ぎ無く安定していると心うきうきしてくる、そんな心持を謂ったのでしょう。そうなればこれこそ理想、実は私、隠していたのですが、この文の次に、とっておきのセンテンスが続きます。

心境冥会《みょうえ》して、道徳玄《はる》かに存す。

「冥会」は、平たく言えば〝融合〟ですが、両者がただ寄りかかっているだけでなく、心と境と、どちらがどちら、というのではない双方絶妙の完全積極合体、を言います。そうしたところに、「道徳」は奥深く実存する、ということです。この「道徳」は、今世情で使われる意味の延長上に加えて、聊《いささ》かならず更に広い義理を被《かぶ》せた語彙と思います。ここでは、勝道上人と日光山という類《たぐ》い稀《まれ》なる自然と人物を得て、その融合した有様が今現出しようとしている、と、この勝道上人の業績を、この「道徳」という言葉に万貫の思いをよせて讃えているのであります。

空海の想いとしては、いままさしく「心境冥会」の状況が現出しようとしている、この有様が素晴らしいと言って、心も境も隔てなく共に重要だ、という考えを披瀝したく思っているのですから、わたしとしては、この一文を先に出してもいいのですが、それではこの一文があまりにもストレートすぎて、どうも空海さんの真の想いを皆さまに訴えるインパクトに欠ける、と考えたもので、聊か回りくどく申しました。

つまり、こういうとき仏教ではどうしても「心」を重点的に強調して、ここにいかにも集中的に解説の切っ先を向けてしまいがちであるところ、空海としては、心の染入《しみい》るべき境＝自然環境の持つ意味も重要だから、これを決して忘れないようにしていきましょう、と主張していることをご理解頂きたいのです。さきほど、冒頭文章が一回転するところが肝心、と注記したのは、こういう意味であります。

空海が勉強したあのころの奈良仏教界の主流教学は、どちらかというと、この「心」強調路線の強いものでした。さきに申し上げた唯識仏教が盛ん（どんな仏教学を勉強するにも、これは基礎学だったんですね）であったのです。これは思想教学的な意味ですが、自然環境的にみましても、奈良はそのとき、完全な計画都市、そこに造られた仏教寺院もまた、恐ろしく人工的建造物の集積群でありました。「自然」は、屈服するものでこそあれ、享有《きょうゆう》する意識は稀であったでしょう。そういうとき、心のありようで自然境界の浄汚がきまり、静謐《せいひつ》な自然境界によって心が洗われる、という空海の人間自然相互共生観は、新生平安政権にとっても、とても新鮮であったことと推察いたします。ちなみに、のちに空海が高野山を開く想いも、この自然観のなせる業、と心得ます。

この新鮮さはまた、空海という人物の〝存在〟そのものの新鮮さにも通じ、空海がいずれ時代の寵児《ちょうじ》の如く活躍をほしいままにしていくのは、実はこういうところにもその必然性が秘められていた、からかもしれません。

時代が「ひと」を創り、「ひと」が時代をうごかす

艜《いかだ》はよく済《わた》し、車はよく運ぶ、然《しか》れども猶《なお》、御《ぎょ》する人なければ、遠きに致すこと能《あた》わず。柁《かじ》の師無ければ、深きを越ゆることあたわず。

（空海『性霊集』巻十）

艜能済焉車能運焉然猶無御人者不能致遠無柁師者不能越深

一、行動する人

はじめの「いかだ」の字、原本は「舟」偏に「發」という字ですが、パソコンにありません。で、「艠」を今使っているのですが、写本には、訂正符で「筏」を入れているのもあるようです。諸橋『大漢和辞典』（日本歴史上最大の漢語辞典です）には、さすがにありました。これは、『集韻《しゅういん》』という辞書の一種を典故にしていますが、空海さん、こんな字を使っておられたのか、と、驚嘆いたします。

で、この字の意味は「大海中を航海できるほどの大きな船」、丸太を縄で結び付けただけのいかだ、ではありません。大船ですから、たくさんの荷を積んで「済《わた》す」ことが出来る、「車」も同じで、これも人力に勝る確実に荷物を運べる車を想定していると思います。古代にあっては〝車輪〟そのものが文明であって、一度きに多量のものを堅実に運ぶ、ということが意味されているのでしょう。でもここで肝心なのは、これらを操作する人がいなければ、艠も車も、その用を足せません、といっています。「御する人」は、只動かせる、というだけではなく、その車（とそれを引く動物）をうまく操《あやつ》って、無事に遠隔地まで渡らせる、ことの出来る人、です。

次の文の「深き」は陸地の見えない大海原を言うのでしょう。古代海路の操法は多く、見える陸地を当てにしながらが普通でしたが、いよいよ陸地のまったく見えない大海に漕ぎ出したときには、まさしく「柁の師」がいなくてはなりません。これ、風と水をよむもの、星を知るもの、でしょう。これが〝そのひと〟、であることもあるでしょうし、そういう師（技術者）を能く統御できる雅量の広い船長さん、を含意することもあったかもしれません。

この次にくる文章は「道もまたかくの如し。人を導くは教なり。教を通ずるは道なり。道は人無きときは則《すなわ》ち壅《ふさが》り、教は演ずること無きときは則ち廃《すた》る」と、あります。

この「道」、通例「仏道」と理解されています。これでいくと、「教」は仏道の教え、教えあればこそ、人はこの教えに導かれ、道を往く。その道は、人があゆまねば、荒れ果てて通れなくなり、教えも誰人かが説かなければ廃絶してしまう、というのです。

これで大過ないとは存じますが、この「道」が表記の文言中の「車」にかかっていることも間違いないでしょう。この「車」に拘《こだわ》ってみれば、車は道を行く、「教」はその道に立て掛けられた道しるべ、です。その道しるべによって車がよろしく通過してこそ道であり、その道も〝ひと〟が車を操作していかねば、いずれ草生《む》して通れなくなり、道しるべも誰か〝ひと〟ありて常に手入れしていなければ朽ち果ててしまう、ということです。

前《さき》の如くに、直ちに仏法と結び付けて解釈するのが正統、なのでしょうが、わたし的には、ここではまだ「車」に仮託《かたく》した喩え文句を続けている、とみたい気でいます。何故って、この文に続いて「百会《ひゃくえ》、未だ瞻部《せんぶ》に誕《うま》れざりしかば」とありますが、この「百会」というのが、これこそお釈迦さまのことでして、ここから仏道のはなしになる、とみえるからです。

ただ、いずれにしてもここは、どんな場合もそれを〝する人〟が大切である、といっているのでしょう。もちろん、車も船も、それは大切です、でもこれを巧みに操って動作する〝ひと〟がいてこそ、これらのものが目指した目的を達成することが可能となる、ということでしょう。船に荷を積んでも、港に停泊していただけでは、ナマものなら腐るだけです。

つまり、行動するひと、の大切さを言いたいのですが、その最初に、誰にも分かりやすい（納得できる、というのでしょうか）たとえ話をもってきて、聴衆者の耳をそばだたせる、そういう効果を、この仮託文は発揮している、とみえます。

二、人物、見参

さて、今回の文章は、「故《もと》ノ贈僧正勤操《ぞうそうじょうごんぞう》大徳ノ影《えい》の讃《さん》 幷《なら》びに序」という表白文《ひょうびゃくぶん》の、冒頭部分です。天長五年（八二八）四月十三日の日付があります。文章は、その「百会、未だ瞻部に誕れざりしかば」に続いて、三国仏法の流布《るふ》に、どんなひとが活躍したかを列記しています。

印度《インド》では、お釈迦さまに続く龍樹《りゅうじゅ》菩薩、中国では鳩摩羅什《くまらじゅう》、わが邦では蔵と慈の二名を出だし、いかに優れた人材が仏法を開陳してきたか、人物というものの存在の重要性を宣揚し、付け加えて「人、能《よ》く道を弘む」という言まで引いています。これ、古来の学匠によって『論語』の言葉、とみなされた言葉です。その「衛霊公《えいれいこう》」篇に「子曰く。人、能く道を弘む。道、人を弘むるに非ず」とあるそうで、これこそ、空海の、というばかりではなく、この時代の、というべきでしょうか、漢学の素養への日常的親しみが垣間見られるところでありましょう。

で、「龍樹菩薩」は八不中道《はっぷちゅうどう》を説いた大乗仏教の始祖、と目されているインド仏教の巨人で、密教では「龍猛《りゅうみょう》菩薩」ともいわれます。「鳩摩羅什」は四～五世紀初頭亀茲《きじ》国（今の中国・庫車《クチャ》市です）のひとですが長安に入り活躍した、中国仏教にとっては、もはや欠かすことの出来ない経典漢訳者です。その龍樹に始まる大乗仏教の主要な仏典が、彼によって漢訳されていますから、彼無かりせば、中国仏教は始まらなかった、といっても過言ではない、という人物です。

「蔵」とは「智蔵《ちぞう》」というひと、「慈」とは「道慈《どうじ》」。智蔵は出自不生（としておきます）、法隆寺に入り、三論宗学を弘めました。道慈は大和の国出身、この智蔵につき三論宗学を学んだのち、入《にっ》唐《とう》して長安の西明寺《さいみょうじ》にとどまること十六年、帰国するとその西明寺を模して「大安寺」を創建した、といいます。西明寺はお釈迦さまの祇園精舎《ぎおんしょうじゃ》を模したと伝えられるお寺でしたから、大安寺もその由緒をもつ、となります。後に空海さんがこの大安寺に入り、そういう因縁を讃えています。智蔵さんの年齢、判りませんが、道慈さん七四四年七十余歳で亡くなっていますから、その人が就いた師としての智蔵の齢は推して知るべしでありましょう。

「法隆寺」は、言わずもがな、あの聖徳太子で有名な、そのお寺さんです。こういう人たちが学んだというお寺ですから、この八世紀には、〝学問寺〟となっていたということです、ね。

「三論宗学」というのは、かの龍樹菩薩が著《あらわ》したという『中論《ちゅうろん》』『十二門論《じゅうにもんろん》』という仏典と、その弟子提婆《だいば》の著作『百論《ひゃくろん》』という「三つの論」書を専《もっぱ》ら勉強する宗派で、これらの書物は、みな鳩摩羅什が漢訳してます。そして、これらに説かれる思想が「八不の空《くう》・中道」です。「局限」に偏《かたよ》ることの無い中正な精神世界を理想とする思索を、八つの否定辞「不」で表現しています。肯定は断定、断定的言い方は空の精神に反する、ということですから。これ面倒な話ですので、今は先を急ぎましょう。ですから、このころの「宗」というのは、現代に言う〝専門分野〟の名目と考えていただいて結構で、今に「学派」と言っている先生もいます。

「大安寺」は今、奈良市内大極殿《だいごくでん》跡の東南、JR関西本線が奈良駅を南に出て二手に分かれた線路に挟まれるように、瀟洒《しょうしゃ》な本堂がありますが、もと南都七大寺のひとつとして、威容を誇っていました。それに成るまでにも幾多の変遷を経たのですが、その源は聖徳太子が病の床に臥《ふ》せっていいたのを、太子の叔母さんの推古《すいこ》天皇が義理の息子である田村皇子《たむらのみこ》を見舞いに遣わし、そのとき太子が自分で平群《へぐり》の里に造った熊凝《くまごり》精舎を、寺として維持して欲しいと懇願しました。それを田村皇子が舒明《じょめい》天皇になったとき、百済《くだら》川のほとりに移築し、百済大寺《くだらノおおでら》としたのが興《おこ》りと伝えられるお寺です。以後、名前も高市《たけちノ》大寺、大官《だいかん》大寺と遍歴し、平城京遷都《へいじょうきょうせんと》（七一〇年、平成二十二年遷都一三〇〇年となりますネ）とともに移築されて、大安寺となります。かの道慈の帰朝は養老二年

（七一八）、彼が関わったのは、これからのようです。それで大安寺は三論宗の牙城となりました。

ここで伏線を一つ。道慈が入唐（大宝二年七〇二）したとき、ちょうど来唐したインド密教の泰《たい》斗《と》・善無畏《ぜんむい》に就いて学び、密教典を授かったという伝えがあります。覚えておいて欲しいと存じます。

天平十九年（七四七）作成の『大安寺伽藍縁起《がらんえんぎ》并《ならびに》流記《るき》資材帳』というのが現存し、これによると、境内伽藍配置は、それはそれは豪壮なもので、しかも独特であったところから、これを「大安寺式伽藍配置」と称したと言います。ですからこの寺、南大寺（東大寺に対応します）と言われたこともある、とか。この資材帳面によりますと、このころ八八七人の僧侶が在籍していたと言います。この三年前なら、道慈も居ましたから、八八八人ですよ。

なおついでに、ここ出身の著名な僧侶が、あの「普照《ふしょう》」です。鑑真和上《がんじんわじょう》招請に成功した、あの普照です。井上靖の小説で有名になりました。でもいまの若者、井上靖を知りませんです、あァー。普照は東大寺開眼《かいげん》法要の導師としてインド僧の招聘《しょうへい》にも尽力しています。これは、いつに大安寺在住僧という出自に力あってのことと推量します。

のち、空海のあゆみにとっても、この大安寺は、重大な役割を果たすことになりますので、これも覚えておいてください。

《ちょっと余談》

聖徳太子は、やはりいた

いま「法隆寺」とか「聖徳太子」が登場してきましたから以前、いつかお話します、と約束しておいたので、ここでちょっと触れておきます。ちょっと長くなるかもしれませんが……。

法隆寺といえば聖徳太子、その聖徳太子はいなかった、式の本が世上に売れているのは、皆さんご承知でしょう。この本の売れ筋は近年のことですが、法隆寺に関して近代もっとも長く議論されてきたのが、「法隆寺伽藍再建非再建」の問題でした。これは『日本書紀』巻二七「天智天皇九年の条」に記録される火災の記事をとるかとらないか（『日本書紀』の信憑性、というヤツです）、ということに帰する、といえましょうか、法隆寺側の記録にはこれが無い、からです。実は、聖徳太子存在非存在の問題も、突き詰めると、この『日本書紀』の信憑性を問うもので、聖徳太子非存在を言う人は、基本的にこの『日本書紀』の記述を極端に疑う人々です。

結論的に申します（うんと単純化して言います）。今、法隆寺伽藍再建説が有力です。昭和に入ってからの大修理に合わせた発掘により、大々的な焼け跡が発見されたり、近時では木材の年輪測定が高性能デジタルカメラの発達で極精度に出来るようになり、それによって視ると、再建説に立った方がよいようになったからです。そして図らずも、『日本書紀』記述の精度が高められた格好になりました。その火災記録が法隆寺側の記録に無い、のは、私などのお寺を預かるものの気持に立つと、わからなくもない、です。だって、焼いちゃったなど、ホトケさまに申し訳なく、なんてお詫びしたらいいのでしょう、という気持です。

『日本書紀』は中国の史書に則《のっと》って作られました。完成年度は養老四年（七二〇）、編纂総参謀長は舎人親王《とねりしんのう》、だったといいます。この人、父は天武天皇、母は天智天皇の女《むすめ》さんです。天智《てんち》、天武《てんむ》は実の兄弟、でも、のちのち争うことに（後述します）。

中国人は記録魔、地上の事柄を膨大に残していますが、近代になって、それ（中国史書）は疑わしい、といわれることが多々ありました。ところが発掘が進み（これ中国各地の開発が進んだということです。日本でも同じです）、史書の記録に相応する発見があるとそれと照合し、得てしてその記録の確かさが証明される場合が少なくない、ということになったのです。

中国古代春秋時代の、ある記録家系一家四人兄弟の話が伝わっています。長兄がときの為政者に都合のよくない記述をしました。為政者は彼を処刑し、記録の跡を継いだ次兄に書き換えを命令しましたが、結局彼は同じことを書きました。当然のように、その為政者は彼を殺しました。三男が跡を継いで、これがまた同じように書いたのです。為政者もまた彼を殺します。かくして四男、この家は男四人、家を存続させることが最重要視される時代です。

男として一人残った彼が真実と信じた事柄を書き、それは前三兄のと、結局同じようになりました。そして、ついに為政者が逃げ出した、というのです。

　これには聊《いささ》かの誇張はあるでしょうが、記録する者の「記録」に対する執着とさえ思えるような物凄《ものすご》さを感ずる逸話でもあります。司馬遷《しばせん》の『史記』から始まった中国二十四史のなかには、為政者に主《おも》ねって書いたとして、いまだに評判の悪い史書もあります。司馬遷からして、武帝との確執を起し、自説を曲げなかったので、司馬遷の宮刑という結果に終わりました。宮刑、って、男根切除の侮辱刑です。でもこの不名を撥《は》ね返すように渾身の力で『史記』を書き上げ、これは二千余年後の今日にまで名声を博しています。記録者の凄まじさ、といえましょう。古代の歴史記録者が偽《いつわ》る、と現代人が安易に考えることを、基本的には拒否したいのです。昔の人ほど、資料に忠実であったのでは——。

『日本書紀』を評判悪く謂う人の常套句が、これは七百年代初頭の為政者たちに都合の良いように書かれた（ちょっと強く言うと捏造《ねつぞう》）書、というのです。ときの為政者とは「藤原不比等《ふひと》」、そしてなによりも「天武天皇」系王統。藤原不比等は藤原鎌足《かまたり》の次男、藤原鎌足は中大兄皇《なかノおおえノみ》子《こ》と、蘇我入鹿《そがいるか》の暗殺に関わり、新政権樹立で実力を発揮したひと、です。この中大兄皇子は天智天皇となって、わたしたちの時代の学び言葉でいうと「大化ノ改新」を成し遂げました。ところがその死を迎えると、その天智天皇の実弟（母が一緒、ということ）・大海人《おおあま》皇子《ノみこ》と、天智天皇の実子・大友皇子《おおともノみこ》側とで皇位を争う古代日本最大の内乱「壬申《じんしん》の乱」が勃発、何のことはない、叔父─甥の争い、です。財産があると現在《いま》でもよくあることです。結果は大海人皇子側の勝利に終り政権奪取、大海人皇子は天武天皇となります。

王統は、天武天皇の次に天武の奥さん（持統《じとう》天皇。この女性《ひと》、天智天皇の娘さんです。乱のとき、弟の大友皇子につかずに、ダンナに従ったということです。）が継ぎ、続いてその孫が「文武《もんむ》天皇」となりますが、この擁立に藤原不比等が功績大、であったということですの。

更に王統は、文武天皇から一旦文武のお母さんに戻り「元明《げんめい》天皇（女）」、この女性、亭主が天武と持統の子・草壁皇子《くさかべノみこ》、お父さんは天智天皇です。天皇になったとき旦那の草壁皇子は既に亡く、未亡人でした。次、文武天皇の姉に移って「元正《げんしょう》天皇」となります。天皇の名前の羅列ばかりで少々やっかいでしょうが、（これだけおぼえておいてください）つまりそのとき全部天武系だった、と謂いたいのです。『日本書紀』本はこの元正天皇の御世に完成、これは是非とも天武天皇以下の王統が正統、ということを後世に残さねば、という深謀遠慮《しんぼうえんりょ》で、あの壬申の乱は大海人皇子（天武）側に正義ありという至当な防衛戦争であった、ことを記録させておきたかった、その最大首謀者があの藤原不比等、という筋書であります。ですから、全三〇巻あるうち第二八巻、二九巻という二巻も「天武天皇」に割り当てる異例の分量で説き示した、と、現代の疑い深い人々は申します。でも言っときますが、持統も元明も、天智天皇の娘さんですからね。

で、異例の分量、とは多すぎるということ、これのとばっちりを受けて（？）聖徳太子も書かれ過ぎ、と言われてしまってます。巻二二「推古天皇」の条は、その半分以上が聖徳太子の記事でうまっている、と非難するのです、偉人として描きたかったから、天皇を書くべき分の半分以上の紙を使って、と。でもこれ、わたくし想うに、ならばこの古代最大の〝偉人〟を描くのに、これだけか、という感想を持つひとが居てもおかしくは無い、と思っています。

だいたいに、この国史編纂プロジェクトが始動したのが六八〇年ごろといわれていますし、倭国が中国と同じような国史を持たねばならないという、大本の企画は、それこそその一世紀も前の聖徳太子執政時代からありました。このたび、実働だけでも四十年くらいはかかって完成にこぎ付けたこの書が、天皇家中心主義に傾きすぎると、近代人は非難するのです。あのね、わたし最初に申しました、よね、これは中国の史書を手本に編纂されたのだ、って。中国の史書は皇帝中心主義、です。国家は皇帝を中心に動いている、というのが主流世界観の時代で、皇帝中心になるのは当たり前、なのです。史料的に言っても皇帝に関する文書がもっとも残り易い、史家としても、きちんとした史料に沿ってもっとも書き易いのですよ、ここが。これをなぞった我が国史が天皇中心主義ではけしからん、と謂われては、土台議論が始められません。

おそらく「聖徳太子」に関する資料は山のように集まったのでしょう。が、書くべき時代は推古天皇の時世、その欄に、編纂執筆実働班と致しましては、聖徳太子についてはギリギリ絞ってあそこまで圧縮した記述とした、のではないかと愚考することも可能でしょう。これは、その記事が多すぎる、という印象論と同程度で許されるべきもうひとつの主張、と想います、が。

それにもう一つ、『日本書紀』は〝天皇家に都合が良い〟ように書いてあるから、うんと割り引いて看《み》なければならない、とは現代史家のよく謂うところです。でも、この本一度読んで頂きますとすぐにでも解りますが、これ天皇家に都合いいかなあ、という記述で溢れている、ように、わたしには看えるのです、よ。謀略、策略、嘘偽り、狡猾《こうかつ》、騙《だま》し、裏切り、虚偽、残虐、果ては理不尽な欲望、不倫、等々、これが天皇家に都合いいか、と、下手な小説など足元にも及ばない、あきれるばかりのおもしろさですよ、ボクには。これが天皇家賛美になると考える方の、それでは酷評とは、どういう基準になるか、を教えて欲しい、と思います。ですから、わたくし的に読むとしたら、非難止まない現代史家とはまったく逆の意味で、おもしろすぎるところ、資料的には割り引く必要がある、と想っています。

それから、確かに初めの数巻（神代巻《かみよノかん》）、これが、神話を歴史と混同した、として、戦前の教育において国民に悪指導《ミスリード》を及ぼしたと、戦後の民主主義から非難される最大箇所であることは重重承知していますが、一つだけ人間として確認しておきたいのですけど、「神話」は立派な文化現象、人間は神話を持つことを許された唯一の生物である、ということです。

そしてその信じ方も、百人が百通りあって、どれも許される、戦前間違ったとしたら、一つの信じ方しか許さなかったところでしょうか。そして、歴史事実でないから信ずるな、と強要するのは、この信じ方しか許さない、というのと同じ程度にファッショでしょう。

古代中国人もよく〝神話〟を記録しています。その一方中国人は神秘的な古代インド人に比べて、超現実主義者ともいわれています。ですから古代中国人は、事実重視の観点から、地上のことを事細かく記録します。その彼らが、それでは何故神話を書き誌《しる》すのか。それは、その神話が伝承されて語られ続けてきた、という事実が、事実だから、と愚考します。つまり文化現象という存在を記録したということです。その神話の記録者が、神話内容をどう信じていたかは永遠の謎でしょう。それでいい、と思います。

〝聖徳太子〟の存在を認めないのは自由、『日本書紀』の記述を極度に信じないのも自由、ですが、その人たちが、認めない理由の最後に、「だって『日本書紀』に〝聖徳太子〟とまとまったフレーズは無い」と云うのだけは、謂わないでほしい、と思います。確かに無いのです「聖徳太子」とまとまった単語としては。でも「だからいなかった」とは謂わないで。何故って、いま『日本書紀』は信じられない、と言った口の先から、その『日本書紀』を自己の主張の最有力典故にはしないで、ということです。これ、自己矛盾も甚だしい、でしょ。

結論は、この推古朝に、後のち「聖徳太子」と呼びならわされる人物の歴史的存在は必然、と認めて錯誤無い、と考えます。何故かと言えば、わたくしとしては基本的に『日本書紀』の記述の歴史性を許容するもので、これは歴史を基本的に反映している、と看做《みな》すからです。その彼が「聖徳」とよばれるか、「厩戸皇子《うまやとノみこ》」というか、は二義的なものと心得ます。問題は、こうすれば売れる、とばかりに、煽情的な字句を躍らせて書棚を飾ることを許す風潮の軽薄さ、だと思います。三年前のいまどきだったと思いますが、某大新聞の社説がこの「いなかった説」を取り上げて、「居なかった」とは学界の定説、の如き論を展開していたが、これはやはり「軽薄」と思いますが、どうでしょう。

言っときますが、非存在説は、決して定説ではありません。学説の一つではあるでしょうが、その程度のものです。学説は幾つあってもいいのですが、もう一つ気になることは、この学説を主張なさる方の物言いが、いかにも居丈高《いたけだか》なところ、自説に同調しないとそれは学問ではない、ほどの勢いで捲《まく》し立てる、という、いかにも非学問的な調子に、気の弱いわたしなど、覚えず戸惑いを抱かざるを得ないのですが――。

三、その〝人〟は、誰か

時代が〝ひと〟を創り、〝ひと〟が時代を動かす。

「聖徳太子」の存在は、まさにこんな感慨をしみじみと湧き立たせてくれる、ように思われます。

六世紀後半の倭国は、大陸中国からの強風をひしひしと感じはじめた時期でありました。大陸に巨大国家「隋王朝《ずい》」が建ち上がったのです。それまで三世紀近く中国大陸は四分五裂でした。それを統一したのが隋、この最強国に〝対等に〟立ち向かう手立て、それが〝仏教〟でした。これぞ、国際標準規格《グローバルスタンダード》、これに合った国の建設をと、仏教の導入を、意思を持って果敢に執行したのが太子でした、ということです。まさに、時代の必要とした「ひと」が歴史の〝そのとき〟そこに居た、ということでしょう。そしてその「ひと」は、時代の期待に十二分に呼応した。だから、歴史に残った。

いま「真魚《まお》（空海の幼名）」が「空海」になっていくところに、誰《だれ》「人」か居たか、これは古来、様々に語られてきました。空海が儒教を捨てて仏教に転じた〝歴史のそのとき〟です。空海自身、彼の処女作『三教指帰《さんごうしいき》』に、転機になった「一沙門」に遭ったことを記しています。でもそこに名前が無いので、後世の人、あれこれ詮索することになり、いつのころからか、勤操《ごんぞう》、といわれるようになりました。これがいいかどうかを考えながら、今回の文章をみてみましょう。

このひと、大安寺の僧侶です。ゴンゾウと言われたり、ゴンソウと言われたり、ですが、これがまさに今回、ここに取り上げた「讃　幷びに序」に謳われている勤操です。この讃文は、まさにこの勤操の生涯を讃える文章なのです。

なお表題中の「影」というのは、勤操さんの木像、弟子たちがつくり、この日勤操一周忌に開眼供養したのです。勤操、この前年の天長四年（八二七）五月七日遷化《せんげ》しています。

その冒頭に、すでに申しましたように、この世の重大事に必要な法も道も、要はそれを動かす「人」がいなければ動かず、その「人」の存在こそ、最重要の要諦であります、と、いう認識を示して、その「人」こそ、あなた「勤操」でした、と「序文」を述べ、「讃」を謳っているのが、今回の文章の全体であります。

それでは、この人が、空海の初めての師ともいうべき、かの「一沙門」とみていいか、を考えてみます。

空海は、儒教から仏教に転向したとき、かの一沙門から「虚空蔵求聞持法《こくうぞうぐもんじほう》」を授かったと云ってます。これ、詳しくは「虚空蔵菩薩能満諸願最勝心陀羅尼《のうまんしょがんさいしょうしんだらに》求聞持法」と、長ったらしい名の密教経典で、あの善無畏《ぜんむい》が漢訳したもの、この法を修法すると記憶力理解力が飛躍的に増進する、と信じられた経典です。善無畏は七一六年頃長安にやってきた密教僧で、かの道慈《どうじ》が入唐《にっとう》の折に直接師事した、と伝えられていますから、この法を受けて大安寺に齎《もたら》した、ということになります。

勤操はその生没年代からみて、この道慈に遭うことは叶《かな》わなかったが、その法がお寺に伝えられていれば、若くして、この大安寺に入寺した勤操が学ぶことは、極く自然でありましょう。空海はまた、この大安寺とは因縁浅からぬ関係を、生涯持っていました。

天長六年（八二九）に、空海は当寺の別当に任ぜられています。〝別当〟とは、本務をもちながら、当役も兼ねてつとめることです。空海は、この頃、高雄山寺《たかおさんじ》護持を弟子にまかせ、東寺に入ってその経営に精勤されていました。また東大寺でも別当的なはたらきをなされていたということです。つまり滅法忙しかった上のことで、その因縁は並のものではないということでしょう。こんなそんなで、その法が勤操に伝わり、それが空海に、という図式が、どこかで創られたのでしょうか。

実は、空海自身の言葉といわれる『御遺告《ごゆいごう》』二十五箇条というのがあって、そこに、道慈と勤操は自分の師、というような言動が出てきます。次いで、鎌倉時代の凝然《ぎょうねん》（一二四〇～一三二一）という人が著した『三国仏法伝通縁起』という仏教史に書かれて、それこそ定説のようになりました。でも肝心の『御遺告』自体、現在では、空海さんの直筆かどうか、かなりの程度、疑われていますので、資料的（やかましい学問上のことですけど）にはこれ、保留扱いになっているものなのです。

以上のような経過を経て、今、勤操さんが師であったという、この説は再検討されています。その再検討の最大の材料が、この今回の「故《もと》ノ贈僧正勤操《ぞうそうじょうごんぞう》大徳ノ影《えい》の讃《さん》 幷びに序」に述べられている中味なのです。

空海はここで、勤操の一生を丹念に追い、勤操の生涯について、極めて具体的に叙述しています。

勤操は十二歳で大安寺の信霊《しんりょう》大徳に就いた、といいます。景雲四年（七七〇）には山階寺《やましなでら》（興福寺の別名です）の得度式に参列、十六歳泉州槇尾山《まきのおさん》の窟にこもり、二十歳前後に信霊のもとで具足戒を受持終りてのち、同寺の善議《ぜんぎ》大徳に就いて三論学を学ぶこと十余年、この善議は、かの道慈の直弟子でありました。勤操の学徳は天朝に聞こえ、弘仁四年（八一三）律師に抜擢されます。ついで嵯峨天皇が彼をして大極殿にて『最勝王経』を講筵《こうえん》せしめ、続いて紫宸殿《ししんでん》に各宗大徳をよんでの論議場にて、勤操を座主《ざす》とします。勤操の弁論は他を圧倒し、天皇これを嘆じて少僧都《しょうそうず》に任じたうえ、造東寺別当に就けました。されど大徳は自らを誇るようなことはなく、ひたすら化導《けどう》に邁進するので、次の淳和《じゅんな》天皇は彼を大僧都に任じ、造西寺別当にも就ける、と。

イやに詳しいでしょう、空海の筆は、これでまだ半分なのです。この表題にあるように、僧正位は亡くなってから、ということです。

勤操さん、仏教学は秀逸の限りですが、そのほかに世事のようなことも（いろんな仏教行事に関することです）熱心で、その音声は老若男女の琴線を揺さ振った、とか、和楽《わがく》はもちろん唐楽《とうがく》まで奏《かな》でた、まで、空海は披露します。近世ほど、学僧《がくそう》と修僧《しゅそう》の役割分担が進み、両者なかなか両立しない現実を思うに、勤操のマルチ能力がよく伝わる文章です。面白いのは、老僧用の衣を工夫した、ということ、これ恐らく寒気に耐えられるもの、ということでしょう。奈良では、雪はそれほど深くはないでしょうが、冬の冷え込みは相当きつい、ですから。

実のところ、こういう紹介の弁言をつくる時、本人の経歴などに関わる部分は、若い人にでも言ってデータを取り揃えさせますが、社会的技能とか性格・癖などに及ぶときは、紹介者の生《なま》に見聞きした記憶などが顔を出すもので、空海が勤操を如何に熟知していたかがよく察知される文章になっている、と思量します。

文の末部に、空海は自分と勤操との繫がりまで書いています。それは「蘭膠《らんこう》」の関係、だと云うのです。麗《うるわ》しくも膠《にかわ》の接着力でくっついているくらい近しい、というのです。で、一つの例に言及しています。弘仁七年（八一六）の高雄山寺における三摩耶戒《さまやかい》と両部灌頂《かんじょう》の砌《みぎり》、親しくお授けした、と。

例の、空海が求聞持法を受けた、という記述は、ここに出てまいりません。この文章の全体のニュアンスも、どうもそういうことは無かったような雰囲気、と取れるのです、わたしには。

考えますに、空海が『三教指帰』に言う「一沙門」を誰かに比定するのは、土台無理、のように思考いたします。これは、文字通り「一沙門」であって、それ以上でも以下でもない何某さんか、でいい、ように思います。何故なら、このことは空海がまだ海のものとも山のものとも付かない若き頃のこと、そんな時期に接近してきた著名な高僧があれば、空海は必ず記録しているはずで、ましてや、それが勤操なら、その歎読文《たんどくぶん》に載せていい事がらでしょう。それがないのは、まさにそれは名も無き沙門だったという証拠ではないかと愚考いたします。

ここは、求聞持法を受けた、ことが重要であって、そこから、求聞持法を受持していた者がいた、という事実を察知すればいいのだと思います。密教の伝法は人を介して行われるべきを基本といたします。求聞持法を授かった以上、そこに誰かは居なければならない、だから「一沙門」が居るべきですが、それは必ずしも名のある人物である必要はない、のです。いうなればこれも、人ありてこそ法の伝持は可能となる、ことを、身をもって体得した、これが最初の経験、といえましょう。言わば、今日の主題である「人間存在の重要性」を、そのとき自覚していたか、していなかったかは知りませんが、空海は人生の出発点から体験していた、といえましょうか。

四、ひと、あればこそ

どんな勝れた企画も、それを果敢に実行する者がいてこそ、社会に貢献できる、とは、現代の常識でありましょう。ですからこの度、空海が言うことは、至極ごもっともな言辞《セリフ》です。が、これがまた実社会にたってみるとき、なにごとにつけ、そんな風に、ことが簡単に進まないのも、現実でありましょう。ことに現代は複雑すぎて、一人の人間の能力のみではどうにもならない事が少なくない。

空海はそれを百も承知で、だからこそというべきか、高らかに人間「勤操」の、仏法護持にあけくれた行動の貴さを謳いあげた、というところでしょう。

ところでこの仏法護持、は〝人がするもの〟、法がひとりでに動いてくれるものではない、ことは充分に承知していますが、「護持」というと、つい内向きに意識が向いて、結果的に仏法が薄れていく、ことになりかねない、そういう警笛が、このたびのフレーズから聞こえてきそうであります。

空海は、何よりも、行動する人でありました。わたし、一昨年の一年間、常勤する大正大学ではないさる大学で「空海」について講義を三十回、しました。終って、大学はいまどこでもアンケートと称する学生さんからの教師採点簿があるのですが、その解答欄に自由記載の項があり、その一枚に、空海という人はどうしていつも走っているような一生なんですか、という問い形式の感想が書かれていました。わたし、そんなつもりでお話したわけではないのですが、空海のことをしゃべっていると、結果的には、そういう印象の概観になってしまうのかなあ、と今つくづくと思い出しています。

空海の時代は、時代の転換期でもあったといえましょう。みやこが奈良盆地を出でて、いったん長岡京に入ります。そしてここを経て、平安京に遷都されました。これによって、その時期に横たわっていたであろう幾つもの政治的課題が、果たして克服出来たのであろうかどうか知りませんが、ともあれ、そういう時代をまっすぐ見据《みす》えながら、空海は自らの信ずる道をまっしぐらに駆け抜けた、そういう一生であったかと思います。これこそ、意図したかしないか知らねど、かの「御《ぎょ》する人」乃至《ないし》「柁《かじ》の師」そのひと、と言えましょう。

時代の転換期といえば、かの聖徳太子の存在もそうでしょう。やはり「御する人」、こういう立場の人は、「柁の師」とならざるを得ない、のです。そして、見事に成し遂げた人が歴史に残る、こういう仕儀でありましょう。

空海が平安京を代表する人物、とすれば、勤操は平城京を代表する一人、といえましょうか。少なくともそういう意識で、空海はこの歎読文をしたためたのではないでしょうか。今（執筆時）奇《く》しくも奈良は、平城京遷都千三百年記念のイベントに燃えている、ようです。

ある大判の写真雑誌が『平城京』を特集していましたので観ましたら、その前半は、いろんな意味で、あの「藤原不比等《ふひと》」さんが主人公のような扱いをうけていました、ちょっぴり〝悪《わ》る〟のような扱いをうけて。かわいそうです。見方によれば、この藤原不比等もまた「御する人」には違いなかったかな、と思えてきました。

ではこれらの人物の歴史評価を決定するのは何処かと考えるに、その人物の人生の理念が見えるか見えないか、にあるかな、との思いですが、どうでしょう。〝理念〟そのものが問われることはいうまでもないのですが、その前に先ず、それが見えるか見えないか、です。行動、行動といっても、この理念なき行動は、暴挙となりますので、念のため。

で、空海や聖徳太子の理念は見えやすい、が、藤原不比等のそれは見えにくい、ということです。ですから、疑り深い近代人（わたしも含めてです）は、ああでもないこうでもない、と詮索し、中には〝どんでも本〟に出てくるような〝評価〟も下される、というわけです。それでときに、安っぽい道徳書物のような評価を、学問の名で下す学者がおられるのですが、あれは止めて欲しいです、ね。あたしも学者の端くれとは思っていますが、学者って、他人を道徳的に断罪できるほど、そんなには偉くはないですよ、少なくともわたくしは。

空海も、近代になってからですが、いっとき不当な評判に泣いた（泣くのはわたしたち、まだ未熟だからです）時期がありました。でも近時、大幅な評価アップがされて、おおむね空海さんの実力に近いことがいわれるようになったかと存じますが、それは、彼の人生理念が近代人に理解出来るようになったからでしょう。近代人がようやく進歩して、空海の気持に追いつけるようになったのです。

進歩とは、理性に目覚める、ということのようです、ね。

福徳は、求めるものではない、自然に流れ来れるものである

定慧《じょうえ》は正法《しょうぼう》を開き、禅定《ぜんじょう》を修《しゅ》するを以って旨《むね》と為《な》し、福《ふく》徳《とく》は仏塔を建《た》て、仏像を造るを以って要《よう》と為す。（空海『性霊集』巻八）

定慧以正法開修禅定為旨福徳以建仏塔造仏像為要

一、善行

この文は、表題に「勧進《かんじん》して、仏塔を造り奉《たてまつ》る知識の書　一首」とありますが、内題があって、「敬《うやま》って勧《すす》む、応《まさ》に仏塔・曼荼羅《まんだら》等を造り奉るべきの事《こと》」という、これが元々あった題名で、表題は『性霊集』の編者が付けたものです。どちらにしても、造仏・造寺の功徳が如何に素晴らしいものかを説いた表白文《ひょうはくもん》だ、と言っていることにかわりはありません。

この文末には「承和《じょうわ》元年（八三四）八月二十三日」とありますから、空海御入定《にゅうじょう》七ヶ月前の文章ということになります。随分に切羽詰った〝その時〟ですが、それにしては、率直な迫力に満ちたお言葉です。でも、これが空海さんの真骨頂、といえるところで、このように素直に謂えるところに、空海さんの人生観の秘密もありますこと、後に又、触れたく思います。

諸仏、諸菩薩は、何を為しているのか。大慈を専心に為し、大悲を行願する、に極まります、と。その慈とは能《よ》く楽を与え、悲とは能く苦を抜く、こと。仏法には、この「抜苦与楽《ばっくよらく》」という根本の正路があって、その正路の実践に二つの面があります、と。ひとつは定慧の門、もう一つは福徳の門、です。

で、「定慧」の「定」は禅定《ぜんじょう》の定、禅は梵語ドャーナの音訳、定はその意味訳です。その意味は、瞑想に入って心の乱れを鎮《しず》め、無の境地になって真理のみを想うことです、なかなか難しいですけど。瞑想するには坐るのがいい。ですから、これを定型的な日常行為として組織化した（要するに坐禅です）のが禅宗ですが、瞑想に入る、ということなら、どこの宗派にも、禅定を尊ぶ精神はあります。ひとり禅宗だけではないのです。したがいまして「禅定を修する」とは、坐禅する姿を思い浮かべていただいて結構です、真言宗でも。

「定慧」の「慧」は智慧の慧、智慧は梵語でプラジュニャー、この音訳が般若《はんにゃ》ですが、この智慧は単なる世間的知恵ではなく、人性の実相《じっそう》を貫徹した智慧、です。これが、かの瞑想に入ってみる真理そのもので、仏教ではよく、無分別智《むふんべっち》、などともいいます。無分別は文字通り〝分別しない〟ということ、分別のない奴、というのは、世間的にはよくない事例ですが、仏教的には、下手な分別は惑《まど》うばかりで、ろくなことは無い、というわけです。〝世間の分別〟が困ったチャン、となるのは、往々にしてその分別（＝判断）が欲望に根ざした近視眼的な判断、になるからで、A氏のためにはなるがB氏のためにはならない、というような判断、では、万民のための智慧とはいえませんでしょう。でも現実は、こういう場合が少なくないのですが、そんな小賢《こざか》しい限度を超えて未来を見通した智慧になってこそ、お釈迦さまの智慧に呼応出来るものとなる、ということです。こういう奥深い智慧を体得した者が、その円満なお姿を世上に指し示すことが「正法を開き」です。

次、仏法の〝善行〟は「福徳」を齎《もたら》します。その善行とは？

これ、とてもはっきりしています。「仏塔を建て、仏像を造る」こと、です。すべての宗教現象には、必ずその宗教を象徴する何らかの建造物（或いはこれに類するもの）があるものです、よね。キリスト教といえば、教会の尖塔《せんとう》とか磔《はりつけ》になったキリスト像、とか、イスラム教では丸い屋根のモスクとかモザイク模様、ですか。仏教でいえば、この仏塔であり、仏像であります。

インドは現在《いま》、仏教国ではありませんが、近代になって発掘が進み、古代インド民族の文化遺産が続々と発見されてきました。そしてその多くが、仏教遺跡、それも先ず何が発掘されるかといえば、仏塔であります。大きい小さいはありますが、塔ですから地上に突出しておりますので、見つけやすい、古いものと見当付けやすい、ということはありますでしょう。「塔」は梵語でストーパ、これを古代中国仏教者が「卒塔婆《そとうば》」と音訳して、卒が約されて「塔婆」となり、更にその「塔」とのみ云われるようになって、これが仏教史跡の有力な建造物とみなされるようになったわけです。

二、お葬式はお釈迦さまから

この中には、何が蔵《かく》されているのでしょう。

お釈迦さまが御入滅されて、荼毘《だび》にふされました。火葬です。インドは長く英国の植民地になっていましたが、マハトマ・ガンジーの非暴力主義独立闘争の末、独立を〝勝ち取り〟ました。が、皆さま御承知のように、ガンジー自身は暗殺されてしまいます。そのあとを執《と》ったのがガンジーの同志であるネルーという人、時代は移り、そのネルーさんの娘さん（インデラ・ガンジー）が首相になります。ところがこの方も暗殺されるという仕儀となって（一九八〇年代中ごろでしたか）、国を挙げての盛大なお葬式が営まれ、その模様がテレビを通じて全世界に流されました。わたしも見ました、テレビの画面にお参りしました。そして、度肝を抜かれた、というのが、そのお葬式の有様でした。火葬です。でも並みの装置ではありませんでした。香木を、今のビル建物で言えば四階か五階かにはなろうかというほどの高さに井桁《いげた》に積み上げ、高さも高さなら、広さも半端なものではありません。３ＬＤＫなんてものではない広さで、要するに家一軒（それも大きな）が建てられた、その最上階中央に柩《ひつぎ》が鎮座しております。点火されてから、（ここちょっと記憶が薄いのですが）何日か、かかったように思います、お骨拾《こつひろ》いまで。

お釈迦さまの荼毘装置がどのくらいであったかは、ちょっと調べていないのですが、入滅の有様は、よく画像に描かれ、掛け軸となって、日本中にあろうかと思います。沙羅双樹《しゃらそうじゅ》の木の根元に、北枕でお釈迦さまが横たわり、お弟子さんから、その森の動物まで集まり、泣いて叫んで、その入滅をいとおしむ、という図柄です。江戸期のさる涅槃図《ねはんず》には、その動物群の中に、〝猫〟まで書き入れてある、というので有名になったのもあります、よね。古代インドには飼い猫はいません。それって、その絵描きさんが自分の大事にしている猫を書き込んでしまったんだそうです。

お弟子さんはインド（今のインド共和国より、ずっと広いです）の全域から集まってまいりました。そして、そのお舎利《しゃり》を、奪い合うようにお拾いしました。一つの舎利片に二人も三人もの手が取り掛かる、ということも起ったでしょう。これが今日本の火葬場で、一つの骨を二人以上の箸《はし》で摑《つか》み合うという風習の元になっている、と、かつてある大先生から伺ったことがございます。どうでしょう。わたし、このハナシ気にいってます。

なお最近、葬式はお釈迦さまとは関係しない、仏教とは関わらない、というような言を吐く方がおられますが、大間違い。みた通り、盛大な歴史的お葬式は、お釈迦さまからはじまりました。本を売りたいお気持ちは理解いたしますが、道を誤ってはならない、と思います。

三、仏塔建立

さて、お舎利を持ち還《かえ》ったお弟子さんたちは、それぞれの土地で、大きな土饅頭《どまんじゅう》形の納め所を造りました。これがいまに発掘される仏塔の原型であります。それぞれの地域のお弟子さん集団は、これを礼拝対象として、日常信仰の象徴と致しました。そのうちに、この土饅頭はより大きく造築されるようになり、更には装飾が施され、囲いが造られ、その囲いの壁面にはお釈迦さまの一代記などが、浮き彫りされることになります。その典型が、サーンチーの大塔であります。サーンチーは、現代インド共和国の臍《へそ》のようなところに位置します。ここ、マディヤ・プラデーシュ州ということ、マディヤは真ん中ということ、ここの州都をボーパールといいますが、ここから北東に六七キロといいます。今は寒村ですが、周囲の丘陵地帯の一角に三基の仏塔、それに付随する塔門とか欄楯《らんじゅん》が聳《そび》え、今この村は仏蹟観光で成り立っています。なお、さきの「涅槃図」の原型は、こういう「塔門とか欄楯」の「浮き彫り」にみられる、お釈迦さま入滅のありさま、にあります。ただし、このサーンチーの入滅場面の図柄には、お釈迦さまのお姿はありません。これが、この地の仏蹟の古さを示している、と評されているところです。ごく古い時代、仏像はまだ造られなかった、といわれる証拠となっています、この仏蹟は。

これらは一度きに造られたのではなく、紀元前三世紀から後十二〜三世紀まで栄えた、その間に増改築されながらきましたが、仏教衰退とともに、一八一八年英国軍人によって発見されるまで埋もれ果てていました。文字通り埋まっていたようですので、そのおかげで保存状態は良好に保たれました。一九一二年には、英国考古学研究所長マーシャル卿によって復元作業もなされ、現在ここは、全インドでも特級の仏蹟となっています。インドは長く（数世紀です）英国の植民地であったから、英国考古学研究所、なのです。

さてと、永き年月に渉《わた》って〝増改築〟されていたということは、その仏塔製作とこれを護持すること「福徳絶大」なり、という信仰があったればこそ、と思考いたします。ここには一定の出家集団が居を構え、かれらは修禅《しゅぜん》に明け暮れながら、お釈迦さま思慕《しぼ》の念をその仏塔をはじめとする伽藍《がらん》の護持、修復、増築に表現した、ということでしょう。そういう作業には、現実的なことを言えば、そういう工事に堪能な技術者が従事したでありましょう。日本的景色を言えば、その坊さんもどこかでなにかの作業をする、というような〝建築現場〟が考えられますが、インドではそれは無かった、と思います。インド的に言えば、そういう作業をすることは、どこかで虫など殺すかもしれない、はっきりと不殺生戒《ふせっしょうかい》を犯す行為でありますから、出家者はそういう労働をしてはいけません、ということでした。

出家者は、伽藍（新築・改築・増築）計画立案、までをして、以下の施工は〝業者〟に任《まか》す、これが普通ではなかったか、と愚考いたします。インドにおける教団の経済的仕組みがどうなっていたか、律の研究をすれば、ある程度わかるのかもしれませんが、私専門ではないので、見当違いのことを言うかもしれません。インドの出家者はお金に触れてはいけませんから、そういう〝社会行為〟をする役目の寺務員がいて差配していたようですので、あるいは計画立案もそういうひと方がなさっていたかもしれません。

ともあれこういうとき、お金のかかる事業ですので、檀越者《だんのつしゃ》を募《つの》るということになります。教団を常時守護する在家集団もあったでしょうが、こういう殊更に費用のかかる事業には、〝特別志《し》納《のう》〟もお願いしなければ計画成就しなかったでしょうから、そういうときには〝特別利益《りやく》〟が強調されたに違いありません。もともと古代インド（いまもそうかもしれませんが）には、出家者への寄進には特段の利益あり、という概念が社会に横溢《おういつ》していました。おかげで生産活動をしない出家者が生きながらえることが出来たのですが、日常食事などの寄付行為だけではとても、大々的な建築は無理、であったでしょう。そんなとき、土地の支配者のような大檀越が一人で寄付することもあったでしょうし、貧者《ひんじゃ》の一灯《いっとう》、のような寄付もあったでしょう、どちらにしても、利益は絶大、という社会通念に支えられて、出家集団は活《い》き、仏法を護持して、やってきました。過年、恐ろしい反社会的行為で指弾された、さる集団が、まだマスコミで騒がれるだけの頃、わたくし達は出家集団だから自給自足してます、てなことをいって、世間の同情を得ようとしていました。しかし、出家者は決して〝自給自足〟しません。出家者はいつも托鉢をして世間の皆さまに己の姿をさらし、大衆からその姿かたちをチェックされることを旨と致しておりました。その自給自足という言葉は、世間を欺《あざむ》く言動でした。

四、現世利益

利益《りやく》、利益、といいますが、古代インド人は、どんな利益を期待していたのでしょう。なかなかこれ特定するの難しいのですが、参考としてみるに、ガンダーラ仏像に寄進者の銘文の刻まれているのがあって、そこには例えばその寄進者名と「亡き父母の供養のために」というようなのがある、といいます（宮地　昭『ガンダーラ仏の不思議』講談社メチエ90）。父母の「供養」は、今生きるものへの加護という願いに及ぶものでしょうから、一族繁栄の願いに通ずるといえましょうか。こういう類いの「利益」がいまの際の「仏塔・伽藍建立」にも願かけられていた、といって、当らずも遠からず、といえましょう。

ところで、父母の供養、といえば、わたくしたち日本人の仏教信仰に基本的にあるものですから、古代インド人の願掛《がんか》けが急に身近に感じられてきました。そうなれば、今日の商売がうまくいきますように、というような卑近な救済を求める願も恐らくあったでしょう、と言いたくなります。いや、あったでしょう、古代インド人だけが高尚、ということはありませんですから。

卑近な救済の願い、これ、よく言う「現世《げんぜ》利益」といわれるものです。古代インドにそういうものがあったかどうかは知りませんが、日本で言えば、「お札《ふだ》」や「お守り」に象徴されるものです。最近のこと、さる放送文化研究所の「日本人の意識調査」をした成果が、出版されました（NHK出版『現代日本人の意識構造』（第七版））。その調査項目の一つに、「お守り」「お札」を取り上げて、これらの効力を信ずるひとが三割強ほど、という結果を評定して、「日本人はこういうものを身につけたり、部屋にかざったりしても、それが信仰や信心にはつながっていない」旨の「結論」を引き出していました。これ、どうでしょうか？

わたし的には、これは極めて健全、とみたいのですが。お札やお守りの「力」を信ずる、って、この調査結果を総括した方のアタマの中にどういう「力」が想定されているか知りませんが、もし、受験生を抱えたお母さんが、これから太宰府天満宮《だざいふてんまんぐう》に往って学業成就のお札を頂いてくるから、もう受験勉強はしなくていいわよ、って謂《い》ったら、これはかえって異様でしょう。常識的なお母さんなら、もらってくるからしっかりお勉強していて、と謂うはずです。ではそのお母さんは、天満宮のお札の効力を信じていない、のでしょうか、そうではないでしょう。

近代の常識的な「信仰や信心」って、そういうもので充分ではないでしょうか。苦しいときのカミ頼み、で、通常の社会生活を営む普通〜の人にとって、充分信仰や信心、の条件を満たしている、とわたしは考えたいです。日常社会に暮らす人が、平時にも忘我《ぼうが》状態で何かを長時間やっている、というのだけが、信仰や信心の本当の姿、とは、私はまったく考えません。否《いな》、むしろそれは、ちょっと眉唾《まゆつば》もの、と思いますが、どうでしょうか。

この信仰内容の調査の中に、経典や教義書を読む、という項目も有って、これは長期低落傾向(この調査、昭和四十八年から五年ごとに実施してきています)だそうです。一般社会の方々が信仰(宗教)の御本をお読みになることは貴重で尊い行為ではありますが、そうする以外は真の信仰に値しない、とあっては、近代では寧ろ社会生活が滞ってしまう、と思いますが。フツーの人びとにとって、社会生活が平安裏に円滑に遂行できるためのスパイス(言い換えれば、教養、といえましょう)となるのが宗教で、その逆は無い、と私は考えています。

ですから、お札やお守りの「力」を〝三〜四割の人〟がまだ信じている、ということに、わたしはむしろ驚いている、のです。やはりわたし、かねがね申していますが、日本人って、世界有数の信心深い民族、だと謂っていること、間違いなかったと思います。さる偉大なバッター（所謂三割バッターですよ）その人に、野球オンチな方が謂ったとさ、あなたは名人と聞いてますが七割も失敗するのですか。オイオイ、猛スピードで至近距離から投げつけられてくる小さな球状の鉄芯物体を、それも細い木の棒に当ててその反発力で人の居ないところに運ぶ作業をするのに、十回のうち三回も成功する、これは凄いことなのだ、と野球オンチの人はわからない。

調査は、基本的作業でとても貴重なことです。が、その分析・総括にいたっては、鋭い常識眼が必要、と心得ます。こういう作業の主催者の方々は、皆優秀な方と信じますが、それなるが故にと申しますか、信仰とかの心裡《しんり》内面的分析に及ぶと、いきなり非現実的な高い目標を設定して、それに見合わないものは全て下劣、というような判断を為さる、どうも、私にはしっくりこないのです。地球人類の恒久《こうきゅう》平和、という願いは真《ま》信心に適合し、今日の商売取引うまくいきますように、と願うはつまらない下世話《げせわ》の邪心、というのは、納得いきません。どちらも信心・信仰のいち側面と看て、同等価値の評価をすべき、と心得ます。

中国に仏教が移入した当初、その研究者がよく謂います、はじめ仏教は道教と違わないもののように信仰されていた、って。つまり不老長寿を願う、ような現世利益《げんぜりやく》信仰であった、ということです。その調子が、どうもちょっと低い信仰、というようなニュアンスで聞こえるのですが。信仰って、少なくとも仏教信仰は、そういうので健全なのではないでしょうか。我が国戦国末の宣教師が上陸してきた、というようには、仏教には、宣教師を送り込む、という手法はありませんです、中国にも、朝鮮にも、日本にも。仏教は水の低きに流れるように、ひろまってきました。

五、高野山主

空海が初めて高野山の地を賜ったのは、弘仁七年（八一六）のことでありました。空海が京都高雄山寺に入って八年目、いちじ乙訓寺《おとくにでら》（今も長岡京市にあります）の再興に手を貸しますが、基本的には高雄山寺が本拠地でありました。高雄山寺は結構山の中ですが、それでも京の近く、空海としては、修行の静地をさがしていた。それが伊都郡《いとぐん》に最適の地を定め、所望していたところ、このとし許可の太政官符《だじょうかんふ》が下ったのでありました。

高野山は今でも随分登山には大変です。紀伊半島西南部を占める県、和歌山県の北部、千メートル級の山々の連なる一角に不思議な平坦地があった。その平坦な部分を上から見ると、八葉の蓮華が花びらを広げて咲いているようにみえる。これは堂宇を建てるために切り広げた、のではない、もともとからそこにその平坦地はあった、と伝えられているのです。

空海の、この地との邂逅《かいこう》に、不思議な伝説が語り継がれています。

空海が修行の道すがら、適地を探していたところ、白黒二匹の犬を連れた猟師に出っくわした。

その猟師は、連れていた犬を放し、その後について行くように指示しましたので、空海はそれに従ってついて行くと、丹生《にう》明神が現れ、空海はこの神さまから土地を教えてもらって、ついにこの地にたどり着いた、というのです。このハナシ『今昔物語』に出てきます。その猟師は狩場《かりば》明神といって、一つの伝説には、応神《おうじん》天皇が差し向けた犬飼《いぬか》いの末裔という。いま奈良県五條市の犬飼町に「犬飼山転法輪寺」というお寺さんがありますが、ここがその空海邂逅の地といわれています。

丹生明神は、伝説では、天照大神の妹カミ、アカヒルメノ尊《みこと》、ということになっています。大和の地を巡行なされ、食料増産、織物業を勧めて、遂にこの地に安住なさったという話です。いま和歌山県伊都郡かつらぎ町上天野町に「丹生都比売《にうつひめ》神社」というのがあり、高野山との因縁いまだに浅からぬものがあります。ところで「丹生」とは朱砂《しゅしゃ》、即ち硫化水銀《りゅうかすいぎん》のこと、そういった(銅)鉱山とのむすびつきもあって、空海がこの地に定めたのは、これに目をつけた、ようなことを指摘しているお方もいるようです。

こういう厳しい自然環境の只中の御山を、空海はどうやって知ったか。どうやら若き頃の山林修行の賜物、というのが、今のところ常識か、と囁かれています。朝廷に下賜《かし》を願い出るずうっと以前から既にこの地の状況を知っていて、それは若き頃の山野跋渉《ばっしょう》の成果、というわけであります。

空海といえば四国、というようなイメージが固定しているようですが、空海の若きころの日本は、中心が奈良から京都へ移行していくころで、そのどちらもが活動の拠点であってもおかしくはない、といえます。奈良は、明日香《あすか》からその西南奥が五条市、高野はその五条市の更に西南に位置する山岳地帯、という位置関係です。丹生明神に導かれたというのは、土地ノ神《かみ》の許諾を得たという象徴、ではないか、というのです。日本国中の全ての土地には、必ず守り神があらしゃいます。そこに浸出するには、そのカミとの妥協が是非必要、というわけであります。とすれば、いかにも空海さんらしい、用意周到さ、といえましょう。

六、寄付行為

さてそこで、ここは空海さん、単刀直入に、実にすらーっと寄付を募っています。

当初に申します、こういう仏恩に報い、自利と利他を、満足に具足出来るようにと願かけて、過日「金剛峯寺《こんごうぶじ》」に二基の仏塔を建て、胎蔵《たいぞう》界と金剛界の両部曼荼羅《りょうぶまんだら》をそこに建立したいと、仕事を始めました。「然《しか》るに今、工夫《こうふ》数多《かずおおく》にして、糧食《ろうしょく》給し難き」事態に立ち至りました。でも、何とか完成したい、それもたくさんの人に「各《おのおの》一銭、一粒《りゅう》の物」のご協力願って造りたいので、「伏《ふ》して乞《こ》う」ということです。

空海が、正式に下賜されて以後、高野山に公式に登頂したのは、それから二年後、八一八年の十一月でした。前年には弟子等を派遣し、高野開創の準備をなさしめているから、登頂しても寝起きするところもないというほどの未完成ではなかったとは想いますが、でも本格的な建物を期待するのはとても無理、という状態であったでしょう。この度の留まりは翌八一九年春まで、と考えられています。その春に、伽藍建立のための作法を七日七夜為《な》したというのですから。そしてまた京都に下ります。都に降りてからの忙しさはまた格別で、満濃池《まんのういけ》の修築とか、東大寺別当職《べっとうしき》、東寺下賜、幾つもある主要著作の執筆、綜芸種智院《しゅげいしゅちいん》着手、八面六臂《ぴ》の活躍、とはこのことでしょう。

そして、八三二年の八月、高野山にて初めての大法要、「万灯万華会《まんどうまんげえ》」が執行されています。その願文が残っていますから、空海自身が主催していることと想いますが、今回の寄付行為を促《うなが》す願文の様子から、まだ全山完成には程遠い状態、と察します。それは、この度のあまりの直球的寄付依頼、に、その窮状がみてとれる、ように想いますが、どうでしょう。

正直、寄付をお願いするのは、(わたくしなど)とても言い難いものです。ことに現今では、世間の経済が落ち込んでいる状態で、言い難い、です。お願いの基本に、多大なる福徳あり、といっても、いいにくい。何故言い難い、か? それははっきりしています。わたくしに意気地がない、だけのハナシ、わたくし、自分の仏法に自信がない、ということだけです。

翻《ひるがえ》って、空海のこのあっけらかんとした願文の力強さは、自らの仏法確立に対し自信に満ちているからです。仏塔建立に福徳多しという話が、執《と》って付けた話ではない、自らの仏法の、自信に裏付けられた確固たる真実であるという確信が有るからです。私ごときが「福徳」を謂っても、ありふれた紋きり説教にしか聞こえないでしょう、と思います。しかし空海には、これまであゆんできた自らの、並みのものではない蓄積から湧き出でた自信が、おそらく満ち溢《あふ》れていたに違いないのです。

この〝自信あるあり方〟が、近代の知識人に、若干嫌がられたこともありました。あの司馬遼太郎さんは、ドナルド・キーン先生との対話で、空海を「どこか不愉快な人物」という印象をずうっと持っていた、と告白しています（司馬遼太郎／ドナルド・キーン『日本人と日本文化』中公新書285）。近代人は、なべて懐疑の人、である場合が少なくない、からです。ある著名な古代史家、それも厳密な資料操作で名のある歴史家がですよ、「厳密」も何もかなぐり捨てて、口を極めて空海を罵倒している文章にお目にかかったこともあります。よほど肌が合わなかった、のでしょうね。でも司馬さんは、空海の著作を読み進めるうちに、「いやな人からおもしろい人に変わって」いったそうです。そしてその気持は『空海の風景』（中央公論社）に結実した、といえましょう。

今回の、この文章を書いた空海はこの時、実は自らの死期を、かなりはっきりと意識されておられた、形跡があります。この二年前、八三二年の冬に高野山に隠棲《いんせい》、と伝えられるのですが、この時、穀類を絶って修禅を専らにされた、というのです。でもまだ活動は続いています。この文章の年八三四年は、（既に以前にも申していますが）宮中で修法をおこない、東大寺で法華経を講説し、『般若心経《はんにゃしんぎょう》秘鍵《ひけん》』を書き上げ、後七日御修法《ごしちにちのみしほ》の基《もと》いを創り、東寺に三綱《さんごう》制度を賜り、などなど、忙しいったら、ありゃしませんでした。

翌八三五年、正月からは水も絶った、と伝えられます。でもまだ、です。正月八日から、さっそく後七日御修法が実施された、といいますが、空海自身は最早動けなかった、と思います。でも加えて、真言宗としての年分度者《ねんぶんどしゃ》の許可を取り付け、金剛峯寺を定額寺《じょうがくじ》に、の願いを出だし、認可されています。最晩年といえども、なんとも、気力は一向に衰えていない、という感じです。

このたびの寄進願文によって、どのくらいの寄付が集まったか、これは残念ながら、不明です。空海入定後は、弟子の真然《しんぜん》（実の甥御《おいご》さんと伝えられる人です）が堂塔伽藍の整備事業に情熱を傾け、〝数十年〟をかけて完成させています。これ一般には二十年、と謂われていますが、わたくし、事実上もっとかかったと思っています。場所が場所ですから（今でも高野山上に行くのは大変です）、資材の運搬、工夫《こうふ》の集約、そして資金繰り、大変なことであったと存じます。この資金繰りの寄付依頼に、今回の空海自身が書いた〝趣意書〟をもって廻ったのではないでしょうか。死期を悟っていた空海としては、若い真然、頑張ってはいるが、いかにもまだつたない、その労苦を一緒に背負ってやれる手立てとして、こういう文章を残しておいてやろう、そんな深慮がこの文書を書かせたのではないでしょうヵ。

この時、真然三十二歳くらい、年長弟子に実慧《じちえ》（空海の一族といわれます）という人がいましたので、この人が後見《こうけん》になっていますが、この人、東寺長者第一世となった方ですから、事実上は京都に居るひと、御山上は若い真然が一手に取り仕切っていたことと思います、寒冷に耐えるだけでも大変でしたでしょうに。

一般史家の中に、空海の弟子には、師匠が偉すぎてみんなやっちゃったから、あと大したのはいない、というような言を弄する人がいますが、とんでもありません。空海教団各派がいまだに栄えていられるのは、このような弟子の踏ん張りあったればこそ、であります。

七、即身仏

山形県出羽《でわ》三山は、皆さまもご承知のように「即身仏《そくしんぶつ》」信仰で有名です。発心《ほっしん》した方、自らの意思で、坐禅姿でミイラとなり、弟子や信者がこのお姿を仏さまとしておまつりし、人びとはこんにちも毎日欠かさず礼拝を忘れない、仏さまです。生きながらの仏像となったお方、と言えますか。仏像制作は仏塔建立に通じます。かのガンダーラ仏の制作碑銘にありましたように、その福徳、極まれる、に違いありません。

私ごとで恐縮ですが、父が湯殿山《ゆどのさん》の一寺「瀧水寺大日坊《りゅうすいじだいにちぼう》」というところの住職を務めていたことがございます。戦前〜戦中のことです。このお寺、真言宗の大斗・権田雷斧《ごんだらいふ》阿闍梨も住職を為《な》されたことのあるお寺です。戦後になっても、夏の一時、必ずそのお寺に泊り掛けで行くことがございました。私のやすむ部屋のすぐ近くの一角に、この即身仏さまがおまつりされていまして、子供心に聊《いささ》かならず、おっかない思いをいたしたことが忘れられません。そのときの怖《こわ》さは、単純にそのお座りになった姿の異様さだったかと想います。今も怖《おそ》れは感じますが、今も怖れは感じます、自らの意思でこういうふうにまで成る、という人間の熱情、とでもいうものへの（尊敬を超えた）畏怖心《いふしん》です。

この地の「即身仏」の成立、だいたい江戸期から明治初期にかけての頃のことでして、それらはまだそんな昔のこととは思えない時代です。その成り方について、大人たちが語っているのを仄聞《そくぶん》していました。それを志《こころざ》したひとは、いよいよ成る決心をしたときから、五穀摂取を減らしていき、籠《こ》もるべき土穴に入ってからは外界とは、小さな空気口とそこに通した紐《ひも》、そして小さな食糧補給口のみ、紐の先には鈴が付いていて、中の方がその紐を引いている間は鈴が鳴りますから、僅かの木の実を中に送り込み、遂に鳴らなくなったら、木の実の送入を終える、というのです。子供心に、す・ご・い、のひとことでした。

これ、あの空海の最晩年の五穀断ちを模していることに、成人して知りました。ソクシンブツという言い方も、空海の根本思想であります「即身成仏」の究極的模倣《もほう》、カナと思われます。これを目指した人は、もともと庶民であった方が多く、自らのその志が、世の人びとに理解され、仏天の加護が、その人びと、そして自らの一族に、多大なる福徳の蒙《こうむ》れることを信じて、成ったのでしょうか。そうだと信じたいです。大日坊の即身仏さま、「代受苦菩薩真如海上人《だいじゅくぼさつしんにょかいしょうにん》」とも謂われています。私たちの苦しみを一手に引き受けて、世の中が平安になるよう、修行してくれているホトケさまです。

そんな縁で戦争中、母親に連れられて、そのお寺に行く道筋にある旅館に疎開をしていたことがありました。疎開中の記憶はないのですが、旅館は「本郷館」といいました。ここまで庄内《しょうない》の鶴岡（今このまち、藤沢周平さんで盛り上っています）から、その頃の木炭バスでは一時間以上かかった、と思いますが、お寺はそれより更に一時間強は雄にかかるところでした。

数年前、実地調査の命で、若い研究者諸君と山形市側から入り鶴岡に抜けるコースで、このお寺もおまいりしました。戦後日本の道路整備の成果素晴らしく、いまお寺と鶴岡の間、数十分でOKでした。また、あの本郷館、のところに寄ってみたのですが、跡形もない、のです。そこは二つの川が合流するところ〝落合〟といいます。その一つの大日坊のある山側から流れ下ってきた川の名を「梵字川」といいます。その川で鮎が釣れ、旅館さんは解禁に釣って、自然（川の水と同じ水で）のいけすで飼っておき、食事に囲炉裏端《いろりばた》で棒くしに刺して焼いて出してくれる、甘だれに浸けて食《しょく》すると、それはそれは、旨《うま》いことかぎりありませんでした。天の恵み、この福徳、こたえられません。そのうちに、東京でも普通の魚屋さんで鮎が買えるようになり、母親が購入してきて食しましたが、どうも一味違う、ようにみえました。それから長じて、機会があると鮎の塩焼きを注文してみるのですが、これもどれも、あの幼き頃食したのとは、ちょっと違う、ボクのあの鮎、何処へいったのでしょう、という気持です。

あれ、ひょっとして、戦後の食料も碌《ろく》にない東京からやって来た栄養失調気味のひ弱な小人に、仏天が与えてくれたホトケの偉大なる恵み、だったのかもしれません、と近時、漸《ようや》く思えるようになりました。これも、僧籍にあった父親がこの地に縁あったればこその、ありがたい福徳円満、と思えてきたのです。これで小生、ほんのちょっと、成長出来た、ような思いに成れました。

いまは、デモいただけるだけでも満足、と、気を取り直して、ありがたく頂いております。いただけるものが有る、それだけでどれだけありがたいか、という思いです。福徳の話、とんだ世話《せわ》話《ばなし》になって申し訳ありません。でも、ホトケは、我々の自らの不徳の致すところで観えませんが、どこかで必ず我々の〝行動〟を見通して、わたくしに見合った福徳を及ぼしてくれている、そんな思いにひたひたと浸《ひた》ることがあります。

その〝行動〟の象徴が、仏塔を、仏像を、建立すること、そして空海がこれだけ力強く勧進することの出来た胆力は、その生涯のさまざまな〝行動〟にかけた気力の積み重ねから、自然《しぜん》に形成されたものと、信じます。

その行動の結果として、いただける「福徳」は、求めるものではない、自然《じねん》に流れ来《きた》れる、もののようであると実感する今日この頃です。

極少の文字を以て、極大の思索を語る

哀《あわ》れなる哉《かな》、哀れなる哉、復《ま》た哀れなる哉。悲《かな》しい哉、悲しい哉、重ねて悲しい哉。

（空海『性霊集』巻八）

哀哉哀哉復哀哉悲哉悲哉重悲哉

一、かなしみの極《きわ》み

これ、ほとんど、否《いや》まったく、〝解説〟乃至《ないし》〝説明〟など必要ない、でしょう。ただひたすら、かなしんでいます。かなしくてかなしくてしょうがない、といっている、これ何方《どなた》にもお分かり頂けるでしょう。この文章の一、二行前にも、「哀れなる哉、哀れなる哉、哀れなる中の哀れなり。悲しい哉、悲しい哉、悲しみの中の悲しみなり」と謂ってます。よほど、空海さん、残念だった、かなしかった、とおもわれます。何がそんなに残念だった、かなしかったのでしょう。

これは「亡弟子智泉《ちせん》が為の達嚫《だっしん》の文《もん》」という、弟子智泉という人の早世に唱え挙げた一文中の章句です。この智泉さん、讃岐《さぬき》の出身、つまり空海の親戚で、出家以前は伯父―甥《おい》の関係であったそうです。出家してからは、最初の弟子となった人、といいます。空海も、身内だからというのではなく、或いは身内だからこそ、というべきでしょうか、目をかけ、ときに厳しく、ときに期待し、後継者の一人として、仕込みきったようです。その早世ですから、実に悔しい。

空海は、この文章中、この智泉を、顔回《がんかい》・阿難《あなん》にも比しています。「顔回」は孔子の弟子中、なんだかんだと言われながらも決して厭《いと》わず、生涯仕えた最も篤実な弟子でありました。「阿難」も、お釈迦さまに四六時中愚直に仕えてとうとう「多聞《たもん》第一」となったお弟子さんです。この阿難さん、お釈迦さまがご入滅されたあと、ほかの弟子から、お前が止めればお釈迦さまはまだ入滅されなかったのに、なんで止めなかった、と責められた、という逸話が残っています。年がら就いているわけではない弟子《ひと》は、時折来ては勝手なことを謂うものです。こんなの下世話にもありそうなことで、ですからこのハナシ、阿難さんがいかに身近に就いて誠実に仕えていたか、を如実に証明する逸話でもあると思います。

智泉（七八九〜八二五）は、天長二年（八二五）二月十四日、高野山で亡くなります。三十七歳でした。いかにも若い、でも「孝心あって吾に事《つか》ふること、今に二紀す」といいますから、空海に支《つか》えること、まるで親御さまに仕《つか》える如くであった、ということです。ですから、空海の無念さが、痛いほど察せられます。「二紀」とは一紀十二年ですから二十四年、「両部遺《のこ》すこと無」く伝えた、といいます。「両部」というのは、金剛界・胎蔵界ということ、これ即ち、真言密教で最も重要な、空海さんが長安に命をかけて受けにいった秘法です。これを全部伝えた、というのですから、なんとも惜しい。この「哀」は、「悲」とともに、〝かなしい〟ということでありますが、「哀」には〝無念だ〟というニュアンスを含む〝かなしい〟、「悲」は〝労《いたわ》しい〟という意味合いの〝かなしい〟と思えます。

空海さん、修行に修行を重ね、人生を達観されているはずなのに……。「覚《さとり》の朝《あした》には夢虎《ぼうこ》無く、悟《さとり》の日には幻象《げんぞう》無しと云《い》うと雖《いえど》も、然《しか》れども猶《なお》、夢夜《ぼうや》の別《わかれ》、不覚《ふかく》の涙《なんだ》に忍びず」といいます。「夢虎」は夢にみた虎で実際はいないもの、「幻象」も大岩を象と見誤ったような幻の象、存在しないことをいいます。人生を悟りきれば、これらは実際には存在せず、こういうのにもう驚くことも無い、これらはみな迷いから起ることとは、よく知っているけれども、このたびの弟子との早き別れだけは、どうしても涙をとどめることができない、というのです。

なんとも人間的、といえましょう、あの空海にして、です。空海というと、これまで「弘法大師」として幾多の民衆の尊崇《そんすう》の的となって歴史を閲《けみ》してきました。もうわたくしたちのような世事に惑わされるようなことは、無い、と思っていました。が、今お弟子さんの早世に、甚だしく取り乱している、とさえ思える感じです。

〝人間空海〟を見た、というところでしょうか。これが一面で〝偉大な〟イメージを誇っていた空海という人物だから、その〝人間性〟が余計際立ってみえる、のでしょう。仏教では「さとる」と、よく謂います。何事にも動じない、平明な心《こころ》状態です。煩悩に惑わされない心です。「煩悩」とは欲望、それも一つではない限りない（終りの無い、といいましょうか）欲望、です。これが人間すべての禍《わざわい》になる、ということを空海は知っているのですが、それでもこの度だけは、口惜《くちお》しくてしょうがない、というのが、こんどの言葉で、いわば空海さん、かなしい時には徹底的に嘆《なげ》け、とおっしゃっているようです、ね。これもまた、悟りの一つの姿、かもしれません。だってわたくしたち、かなしくてもかえって涙をこらえる、というような、変な分別心を出してしまうことがあるからです。これも何かの迷いといえましょう。第一に、もっともかなしく口惜しいのは、去りゆく本人であったでしょう。空海は、〝かなしいとき〟は〝かなしいこと〟を心底思い、その去りゆく本人のかなしみを、自らのものとせよ、と、おっしゃっているようです。

ところで今回、この言葉を取り出したのは、この人間空海を語りたかった、ということもあるのですが、実はもう一つ、〝ねらい〟があります。

二、装飾？の文章

この原文は言うまでもなく漢字ばかりですが、それは「哀哉、哀哉、復哀哉。悲哉、悲哉、重悲哉。」とあります。数行前の文も「哀哉、哀哉、哀中之哀。悲哉、悲哉、悲中之悲。」です。これ字面《じづら》を眺めてみて、どうでしょう。肝心の文字は、「哀」と「悲」しかない、のです。単純化された文章、といえば、これほど単純化されたものはないのではないでしょうか。前の節目を「かなしみの極み」といいましたが、こちらは「文章の極み」とはいえないでしょうか。不必要なものを削《そ》ぎ落とした究極の文章、です。しかも謂うところは、人間の心の機微に触れる、含蓄《がんちく》を含んだ、あえて言えば濃密な文章、といえましょう。最も簡明な文字で最も濃厚な主張を、ですから今度は「装飾の文章」と言ってみました。

それで、空海にはこういう文章、まだあります、あるのです。

「生、生、生、生、暗生始。死、死、死、死、冥死終。」

というのです。ここでは、「生」と「死」という文字しかない、といっていいでしょう。これは「生《うま》れ、生れ、生れ、生れて、生《しょう》の始めに暗《くら》く、死に、死に、死に、死に、死んで、死の終りに冥《くら》し」と、古来読んでいます。これを引きたかった、この度は。

でもこれ、『性霊集』に、ではありません。『秘蔵宝鑰《ひぞうほうやく》』という書物の冒頭におかれた偈頌《げじゅ》に出て参ります。この本題目、秘密の蔵《くら》を開ける宝の鑰《かぎ》、を指し示す本、ということです。

この書物は、空海思想の根幹を論ずる本で、三巻仕立てです。ところが十巻仕立てで、同じことを論じた本がもう一冊『十住心論《じゅうじゅうしんろん》』というのがあるので、古来学者先生たちは、あっちが先だ、こっちが先だ、とか、なにやかやとやかましく論じあって今日までやってきました。今はそれ、どちらでもいいことですが、唯一つ〝解説〟しておきますと、これは、「天長の六本宗書」といわれるなかの一冊、天長七年（八三〇）朝廷（政府）から、ときの主《おも》なる宗団六つに、その説くところをまとめて示せ、というご下問《かもん》があり、これに応《こた》えてそれぞれ出された宗義書の一冊だった、ということです。この本、すごく簡単に謂いますと、人間の精神の状態を十段階に分類配置して、それぞれの良いところを述べ解いたものです。

この時の「六つ」の宗とは、律・法相《ほっそう》・三論・天台・華厳・真言です。その真言宗がこの『十住心論』、これ以外の本も残っていまして、いま読み比べてみますと、はじめの五宗のまでは、どこかで読んだことがある、ような、教義書です。これは当然でしょう。宗旨を述べよ、というのだから。ほかの五宗は、中国仏教以来、営々と形成されてきた宗です。その宗の教理の真髄を、ときの宗団を代表する尊師の名で提出しました。ですからそれらは、中国のそれぞれの宗に属する書を読んでも出てくる学説です。おそらく天皇をはじめとする時代の教養人も、ある程度ご存じだったでしょう。これはある意味で当然で、教理はつくられた暁《あかつき》には、これを伝承していくのが「宗旨」というものですから。それが伝統、なるものです。日本の学僧たちが、いかに中国以来の仏教学を深く学んでいたかがわかります。

ところが、空海の提出した宗義書は、まったく違いました。おそらくこれまでだれも見たことのない、その筋の専門の仏教者でさえ見たことのない〝教義〟でありました。何故って、中国に言葉にまとめられた「真言宗」はありませんでした。もちろん中国に密教が伝わってきて既に、かれこれ一世紀を経て、法の伝持者も数多《あまた》居られます。ですから、空海もその正嫡《しょうちゃく》である恵果《けいか》和尚に就いて曼荼羅《まんだら》法を受けられたわけです。

が、「密教」宗というのは、その曼荼羅伝法を重んじ、その伝法のうちに全ての真理も語り尽くされている、という建前で代々きましたから、敢《あえ》て言葉による〝理論化〟はなされませんでした。それを、その言葉による理論大成を、とうとう空海が、この日本の地で成し遂げたのです。それを、天皇を始め、政府教養人士は読まされたのですから、これは随分〝新鮮〟に受け取られたことと思います。

ちなみに、〝さきの大戦〟が終わってから、政府から各宗に、寺院の位置、本尊の明示、教義の概要、儀式の種類、等々について、〝ご下問〟がありました。新しい「宗教法人法」の成立です。これで、「宗」が成り立ちましたから、今言っている「何々宗」というのは、ここから始まったといってもいいかもしれません。昭和二十六、七年ということです？　仏教の歴史は二五〇〇余年！

三、躍動する文字

さてと、この「生れ」の方の文字の配列、もう一度見てみましょう。〝配列〟といっても、極端に少ない文字数、その極少の文字を以て、極大の思索を語る、こういうの、空海の得意とするところ、といえましょう。だいたい、この「生れ、云々」の登場する偈頌《げじゅ》の出だしが、「悠悠、悠悠、太《はなはだ》悠悠。」というのです。その下の句には「杳杳、杳杳、甚《はなはだ》杳杳。」とあります。前は「ゆうゆうたり～」、後は「ようようたり～」です。どちらも雄大なることをいうのですが、前者は仏典の数多あること、後者は救済の道の千差万別あること、を形容しています。で、どちらかというと、前者は時間的な奥行きを、後者は空間的拡がりを加味して理解できますが、それをたった一字で表現する空海は、まことに大胆、というべきでしょうか。

さて、「生の始めに暗し」と「死の終りに冥し」は対《つい》になります。「暗」「冥」と、どちらも「くらシ」と読みますが、これは、そのもの（生と死、です）の本質を見る眼《まなこ》が完全に曇っていて、まったく見ようとしていない、と概歎《がいたん》していると読めます。その概歎の気持ちが、「生」と「死」という文字を重ねあわせ、述べているところに、痛いほどよくあらわれている、と想いますが、どうでしょう。

生と死の本質、それは、それは、誰でも見ることは容易ではありません。空海も、そのことはよおっく了解している、から、「悠」と「杳」を重ねて、強調した、ということでしょう。強調、といえば、文字を二つ重ねて云う、ということぐらいは、わたしのような凡人でも考え付くことですが、これだけ多数連ねさせる、というのは、思いもつきませんでした。

こういう「生・死」とか「哀・悲」といった重ね表現、仏典に無い訳ではありません。例のコンピュータ検索で調べたところ、「生」とか「死」とか、それぞれ単独の字について、文例が幾つか出て参りました。でも、哀と悲を、生と死をセットにして、文章にする、という事例は一つも有りませんでした。これは、空海の謂いたいこと、即ち、悲しみの心、乃至、生死の無知についてい、というお話の意図がきわめて明瞭であるから、そういうセット表現が可能だったのでしょう。単に真似ようというのだけでは、セット表現には到底ならない。わたくしたち文章を造ることはよくあるのですが、ときに謂いたいことを自ら見失うようなこともあるのです、情けない。今も皆さんにこのわたしの文章わかっていただいているか、心もとない、です。

文章を飾る、というと、わたくしどもは、たくさんの文字を使って華麗につなげながら綴ればいい、と想いがちでありますが、実はたった一字で、これほどの効果がある、とは気がつきませんでした。空海さん、文章の雄、とは聞いていましたが、こういうのって、訓練による技法の冴えというのでしょうか、或いは、天与の才、か。

今回は文章内容、というよりも、文章のつくり形《かたち》そのもの、に注目いたしました。でもこれ、よく考えてみますと、決して技術の問題ではない、と気づかされます。そのとき謂いたい趣旨に、どれだけ筆者がコミット（これ、日本語にし難いですね、親身に心底理解している、とでもいいますか）できているか、これの度合い（強弱）によって、他人にどれだけ訴える力を発揮できる文章をつくることができるか、が決まってくるように愚考されます。

心は技術に現われ、技術は心を飾る、ようです。

〝人生の節目〟にあたって想う

禽獣《きんじゅう》・卉木《きもく》は、皆なこれ法音なり、安楽・都史《とし》は本来《もとよりこのかた》胸中なり、ということを悟らしめん。

（空海『性霊集』巻三）

禽獣卉木皆是法音安楽都史本来胸中

一、不惑の歳は

孔子さまは仰せられました「(私) 四十歳となって、ものの道理がわかって戸惑うことがなくなりました」と。

これは『論語』第二の「為政」にある、有名な「四十而不惑」という言葉です。そういうことで「不惑」は四十歳のことと知られているのですが、「不惑」の意味となると、一寸やかましい議論があるようです。思いついてインターネットを開けてみましたら、「惑わず」と「迷わず」は違う、のですね、という問いがありました。わたし論語学者でないので判断しかねますので、市販の本をあけて見ました。無断ですが(お許しください)、引用させていただきます。近時の出版になる本に「やがて四十歳のとき、自信が揺るがず、もう惑うことがなくなった」(加地伸行氏『論語全訳注』講談社学術文庫一六四〇、二〇〇四年刊)とありました。これでよろしいと想うのですが、念のためもう一冊、とても権威あると認められている出版社の本には「四十になってあれこれと迷わず」とありました。この本の出処を明記すべきでしょうが、私の見聞している所持本の出版年が昭和五十年版ということで、失礼があってはなりませんので、今は記しません。この最近版に訂正があったなどして、失礼があったれば、お詫びいたします。そしていま、このどちらにも論評する資格は、私にはまったくありませんので、冒頭のように勝手に理解してしまいました。ちなみにそのインターネットの〝問い〟に対する答えは、あきらかに違いますけど、また同じようでも、みたいな⁇　これどっちでもいいです、わたくしたちにとっては。

　さて、平安時代、四十歳を「中壽」と称して、お祝いをしたようです。四十歳まで無事に生き抜けた、という感覚でしょうか。現代の感覚では、四十歳はほとんど無感慨で通り過ぎる年齢です、よね。私がまだ若年の研究生であった頃、御指導頂いている先生方が、古稀になられる頃を見計らって、弟子たちは「古稀《こき》記念論文集」を計画したものです。「古稀」は言うまでもなく七十歳、私学の定年がその頃何処でも七十歳であったころで、この定年退職記念と兼ねあって全国各地のご縁の諸先生に案内し、論文を募って一冊の本に仕立て、その完成の暁にはお祝会を催し、本の献呈式をする、という仕儀です。官学では六十歳定年ですから「還暦記念」ということもありました。こういうの、現今あまり聞きません。定年齢の移動とか、社会の構造変化の所為があるのでしょうが、なによりも年齢に対する感覚がすっかり変ってしまった、からと存じます。

　わが国ではかつて、人生わずか五十年、といわれたことは、よくご承知と存じます。これ織田信長（一五三四～八二）が「人間五十年、下天のうちにくらぶれば、夢幻のごとくなり」と、謡曲「敦盛《あつもり》」の一節をよく唱えたということで有名ですが、確かに信長自身、四十九歳の六月一日から二日早朝にかけて自害し、この時代の名だたる武将も五十歳前後で亡くなる例が少なくなかった。そんな昔でなく、昭和二十年ごろでも、平均寿命せいぜい五十歳（男）というところでした、よ。それが、昭和五十年には七十一歳余となって、平成十八年では七十九歳（男）、世界一の長寿国、などといま煽《おだ》てられているのですが、それが国民最大多数の最大幸福につながっていないような実感に、国民の皆さんの多くが苛立っているように見受けられます、のですが……。

なお、前記「下天」のところ、「けてん」とよみ、「化転」という字が当てられていたのを見たのですが、どうなんでしょう。もっとも「下天」でもこの意味、かなり不明なところがあると、何かで読んだ覚えが有ります。「五十年」のはなし、もうひとつ「杜甫《とほ》（七一二〜七〇）」の「人生わずか五十年、人生七十古来稀なり」ということばもいっておかないと公平ではないでしょう。杜甫という人、生前はあまりめぐまれたとはいえない人生を送ったそうで、本人も還暦を待たずして亡くなってしまうような境遇の実感が「七十古来稀」という台詞だったのではないでしょうか。

二、人生の折り返し？

これまで、少々年齢に関わりすぎた感あるかもしれませんが、これから観ようとする「中寿感興の詩 并びに序」という文は、空海、弘仁四年（八一三）の筆とみなされている、四十歳になってしまったという感慨を吐露したもので、その感慨の一端を少しでも享有《きょうゆう》できればと、拘《こだわ》ってみました。今回の引文は、この文章中に登場します。

先ほども申しましたように、四十歳で〝一区切り〟という感じを持つことはどんなものだろう、ということです。でもともあれ、あの時代の余裕ある人びとは、皆さん何か為さったようです。大宴会のようなことを。これはまさに〝人生の節目となる〟というところでしょう。人生の後半生をスタートさせる、というようなところでもあったかと思われます。

さて文章は……

まだ幼いと想っていたが、あっという間にこんな歳になってしまった。この年齢は、学問を志してまだ仕官していないものはここで仕官しようとし、聖者（婆羅門という語彙を使っています）はあらためて山林に修行に精出す、そして、俗家の方は「これを賀して酒会す」と。で、わたし出家者にとって相応《ふさわ》しい過し方は、沈黙端坐して瞑想に仏を想うこと、と見定めたので、その上で「文殊讃仏法身礼」というお経の言葉に注釈を付けよう、と決めた。

この「法身礼」という偈頌《げじゅ》は、空海の師・恵果さんのまた師に当る不空阿闍梨の漢訳になるものです。ちょうど四十の偈頌から成っているので中壽四十歳という（語呂合わせ）に合う、ように縁付けられよう、と。この偈頌は一句が五字でそれが四句あって一頌を成す、四句目は帰敬の文で四十偈頌全て同じなので、これを除くと三句の四十偈だから百二十句となります。この百二十句を丸く連ねて書いたものと、四角に連ねて書いたもの、この二つの絵図をつくって、端坐瞑想の観仏行に具すように誓います。つまり、この絵（字）図を壁に掛けて、その前に端坐してそれを眺めながら瞑想するのです。そして偈頌の内容を解説したものをつくり、関係の皆さんにおくって自分の四十歳という区切りの節目としたい、というような文章です。なお、禅宗の坐禅は面壁ですが、密教の坐禅瞑想は、こういう掛け物を掛けてそれを睨みながら瞑想します。*

＊この完成型が「阿字観《あじかん》」法です。梵字で「𑖀」（ア）という字を丸の中に書き、掛軸にして壁に掛け、この前に端座して、薄目を開けてその字をみます。そしてこの鍛錬が実ったあかつきには、そのア字は、書いた文字ではなくて、大日如来のお姿そのものとみえるようになる、というものです。そのア字の丸目はア字を書かずに丸に空、でもいいです。これは月と見えて月輪観《がちりんかん》といいます。

そして今回の言葉です。この四十偈頌注釈をもって、次のようなことを皆さんにわかってもらおうと想う、というのです。

三、天地雷鳴に無駄なし

「禽獣」は説明の要もなく動物たちです、「卉木」は植物、つまりこれらで動植物に代表される自然界のありよう全てということ、こういうものたちは必ず鳴声を出し、そよぐ木々の音色を発てるのですが、これらは単なる声音ではなく「法音」です、実はホトケの説法の声、であります、というのです。

凡夫の私たちには、これらは只に煩《うるさ》いとかやかましい、としか聞こえないときがしばしばですが、そうではない、ホトケが迷える我々を導くために、けものや草木に姿を変えてその音声に教えを響かせて、愚かなわたくしたちの眼前に登場しているのだ、ということです。いわば、この世の中の現象に、無駄な響きは何もない、ということでしょうか。

現今、世の中は「エコ」と「環境」がテーマとみえます。エコは無駄な廃出物を極力減らして、快適な生活空間をつくる。環境は、ひと言で言えば「自然回帰」とでも、これも緑なす豊かな自然界を守って正常な生活空間をつくる。これをともに為せば、耳を澄ますとホトケの声を聞くことが出来る？

しかし世界の国々の発展過程はさまざまで、何かの規制はどこかの国の経済発展に直接ひびくということで、諸国の利害関係の調整は並大抵のことではないようです。そんなグローバルなハナシではなくても、わたくしたちの身近の問題としてみるとき、木々を植え緑の多い都会環境をと、公園に植物を植えます。それは公園に集う人々には爽やかな日陰をつくるものでも、公園に隣接するマンションの住民にとっては日当たりの良い自分の部屋を翳らせる邪魔物、となって、行政の手で切り倒される、という具合に、身近な問題に適切な妥協が難しい。梢のそよぎはホトケの言辞、とはなかなかならないのが現状、です。ここは一番、公園の自然を楽しむ方々と、近接して暮らす人びととの間に〝妥協点〟を見出す、これがこれからの智慧、と心得ますが。ところで、実はこの主張、とても大変なことを言っているのです。また、あとで述べようと想います。

次「安楽」は、安楽仏国土、すなわち、阿弥陀さまが居られるという西方極楽浄土、をいいます。「都史」は都史多天《としたてん》、都史多天は兜卒天《とそつてん》、兜卒天は、菩薩の中でも最もホトケに近いところにおられる菩薩さま（専門用語で「一生補処《いっしょうふしょ》の菩薩」といいます）が住するところ、と決められていまして、かつてお釈迦さまもここで修行されていたというところです。今は現に弥勒菩薩がおいでになって説法修行を為しておられる、と信じられていますから、弥勒菩薩の住処といえます。この菩薩、いつか下生《げしょう》して（この地上に降りてきて）、この地上でお悟りを啓《ひら》き、私たちを救ってくれる、という信仰が弥勒下生信仰、もうひとつ弥勒上生信仰というのがあって、これはこの天界に生まれ往き弥勒さまの身元に包まれたい、という信仰です。降りてくるの、五十六億七千万年ののち、ということですが、とてもそんなの待っていられない、とあきらめないでください。〝明日〟が五十六億七千万年目、かもしれないでしょう！

　古代インドでは、とてもたくさんの〝天〟がある、と説かれました。これは仏教でばかりでなく、古代インド人の世界観をあらわしている、ともいえましょう。この〝諸天〟を一々説明していますと、ただでさえとても暑い夏でした、頭がこんがらがって、わけがわからなくなると思いますので、ひとことで言います、「三界」です。女性の地位の低く見られていた一昔前、女は「三界に家無し」といった三界です。下から「欲界・色界・無色界」、こう呼ばれる世「界」が重層的に重なって存在する（全宇宙を構成する）、と古代インド人は考えていた、ようです。

　いまその「界」を説明するのが趣旨ではありませんが、話の順序として一寸申し上げませんと、これもまた解らなくなるかもしれませんので、聊《いささ》か並べます。で、それぞれに又いくつもの「天・処」があると、分類しましたから、全部挙げると随分あることになります。わたくしたち（少なくとも私のごとき）凡夫が息づいているのが欲界（上・中・下と三部あります）の中部「四大洲《しだいしゅう》（ここに四つの巨大な洲があるといいます）」というところ、ここに私たちの地上世界がある。この欲界の上部を「六欲天（欲天が六つあるということです）」といって、ここの、下から四番目上に「都史多天」はあるというのです。因みに下部は「八大地獄」です。地獄・餓鬼・畜生の地獄です。更にこんがらがってきましたか？

　こりゃ～何か沢山あるな、と意識していただきさえすれば結構ですので、肝心なことは、古代インド人（仏教徒）は、これらの諸天はみな、現にこの宇宙空間を構成して存在する、と信じていた、ということです。三界の一番上の「無色界」といわれるところは悟りの世界、かなり精神上の形而上学的な設定にみえますが、それ以下の世「界」はまさしく〝ランド〟があるという概念で見ていました。でもこの無色界も含めて三界すべてに、まさしく実在感を抱いていた、ようです。こんがらがり序《つい》でに、阿弥陀さまの極楽浄土は、色界（ここには四天あるといいます）の下から二番目辺りにあるとみなされていましたので、これと兜卒浄土との優劣関係が議論された時代もありました。これも実体概念あればこその仕儀、とみえます。そして、この実体感覚は仏教徒に伝統的に引き継がれ、日本の奈良仏教まで、ずっと伝承されてきていました、のです。ここも肝要な点ですので、気に留めておいてください。

さてそこで空海は、阿弥陀の極楽浄土も、弥勒の兜卒浄土も（ということは、前に申しました「諸天」すべてが、ということです）、「本来《もとよりこのか》た胸中」（のものだ）なり、と申されます。「胸中なり」ということは、わたくしたちの情念のなかに思い描かれたもの、ということでしょう。ここにはどうも、あの〝実体概念〟は感じられません、まったく。ですから、ロケットまで飛ばして宇宙空間に進出した現代人としては、ほとんど抵抗無く理解される常識的な見解、と申せますが、これは、かの仏教的宇宙観の伝統認識から言えば、とても大胆な見解、ということです。

その前にみた「禽獣・卉木」イコール「法音」という図式も、「禽獣・卉木」がわたくしたち人間世界に共存している自然界そのものですから、欲天の中部・四大洲に存在するものとなりましょう。「法音」はお悟りを啓いた方がおいでの「無色界」のもの、ということになりますから、それがイコールということは、欲界にも悟りの世界の一分が有るということになります。これも奈良の伝統的仏教教学からは、聊かならず問題の見解です。

四、唯物　唯心

「己心《こしん》の弥陀」という言葉がございます。「己心」は文字通り「おのれの心」ということ、「心」は現代わたくしたちが使っている意味と同じです。わたくしたちの思弁の世界、乃至情念を内在する、精神の働いているところです、ね。「弥陀」は阿弥陀さま、阿弥陀さまは西方十万億土の彼方にある極楽浄土に居られる、ということになっているのですが、その「己心の弥陀」は、弥陀浄土が実はおのれのこころに宿るもの、と考える言葉で、この世を厭離《おんり》した浄土宗・浄土真宗さんとしてはともに認めない説（のはず）です。でも、先ほども申したように、ロケットが太陽系宇宙を探査するような時世となって、「十万億土の彼方」がみえそうになったのではないか、という感覚の今日この頃と致しましては、これをかの実体観念で捉えようとすると、どうもしっくりいかない、のが、現代人の実感ではないでしょうか。

仏教世界では、キリスト教世界が神の存在証明をめぐって近代科学とぶつかる、というような、科学と宗教の深刻な相克はなかったのですが、それだけかえって世間〝常識〟がモノの判断の基準となりやすく、この時代の常識が宇宙の広がりを物理的に捉えるようになると、十万億土の弥陀浄土は、心の中に捉えようとするほうがしっくりいくというのが正直、ということになります。今、浄土宗・浄土真宗ともに教学としてこの弥陀浄土をどう謂っておられるか、私不勉強で知りませんので、無責任なことは申せませんが、確かまだ、己心の弥陀は認めておられない、と想います。認めないが、認めないというおもいは〝心の働き〟である、として心の存在を認める、というような、ややこしいところではないでしょうか。

仏教はもともと「心意識論」といわれるように、〝心の働き〟に最大限の信服を寄せる宗教です。仏教は、キリスト教の出発が「神の存在」を原点とする、ようには〝絶対存在〟を設定しない（ようにみえる）性格の宗教です。近代科学が物理を明らかにし、その地平上に「神の存在」も実験によって証明しなければならない、というような試練に遭うことのなかった仏教としては、〝浄土の存在証明〟は、久方ぶり（或いは初めて）の科学衝突であったかもしれません。が、これがそれほど深刻に考えられなかったのは、仏教では、一方では心意識の働きを優先させる思弁法が厳として存在した、からではないかと愚考しています。

それよりも、仏教内部で近年、仏教はカミ（絶対存在）を説かない、といいながら、実に多数の仏菩薩を説いているではないか、浄土教に阿弥陀さまは絶対存在だろうし、密教に大日如来は究極絶対存在ではないか、カミを説かない、というのは間違いである、という議論が沸いています。近代西欧の宗教学者（キリスト教徒です）が日本に来て、浄土教を知ってとても親近感を抱いた、といいます。その阿弥陀仏が彼らの言うカミと同様にみえたからです。今この稿ではその議論を語るのが目的ではありませんのでもう止めますが、一つだけ指摘しておくと、仏教が絶対存在を説かない、という説は、当初は十九世紀西欧の教養で仏教が研究されだしてから言われ始めていました。ことに我が国で声高に言われだしたのは、戦後の放送（放送は公共、一宗一派に偏らない、を建前としました）文化の中で仏教が世間知識の一つとして無色透明的に語られるようになる時流に沿って、仏教界と関係のない学者が、何ごとにも無難で素朴単純な経典を素材として仏教を語る傾向の強まった結果といえる、ことです。

　さて空海は、確実に心意識の働きに全幅の信をおいて語っています。西洋哲学的用語で言えば、「唯心論・唯物論」の唯心論、といえましょう。このたびの文句の直前には「三昧《さんまい》の法仏は本より我が心に具り、二諦《にたい》の真俗は倶《とも》に是れ常住なり」とあります。

　「三昧の法仏」は完全にお悟りを啓いた仏さまその身、それが実はわが心にも備わっている、というのです。これはこの度の提示文の「――本来《もとよりこのか》た胸中なり」と、同趣意の言葉です。成仏できる芽が、衆生のどなたの心にもあらかじめ宿っている、ということです。わたくしごとき凡夫は、これを聞いて安心できます、よ。つまり、この仏教の唯心論は、哲学的思弁のため、ということではなく、成仏する、人間が救われたい、と願う気持ちに応えるために用意された論理の基となるべき、実践的なものであります。こういう精神構造あればこそ、大乗仏教では、さとりはなん人にも許されることとなりました。

　文章は続いて、「二諦の真俗」は、すなわち真実世界・世俗真実、これがともに「常住」といいます。「常住」というのは、よく仏典に登場する単語で、例のコンピュータ検索でみると、一万一千強の箇所にあると出ました。「永遠に存在する」といいましょうか、お釈迦さまが示された世の中のあり方に関する理想と現実の関係性、その「真実」は普遍的なものです、と表明したものです。その関係性とは、世の中のすべては「縁起」によって成り立っているということ、縁と縁とで世の中は動いているからこそ、煩悩の苦もあれば、それが取りはらわれる可能性もある、ということです。

ところで、これ「常住＝永遠に存在する」も仏教が誤解される一語となっています。

仏教は他方で「色即是空」とか「諸行無常」を説きます。これは〝何もない〟という理解で説明されますので、そうしますと、今の「永遠に存在する」という表現と、互いに抵触するのでは、という誤解です。これは元来、その使われる語用の範疇がまったく違う、ということです。この両方を、存在（するものが有るか無いかを議論する）論という使い方で理解すると、〝有る〟のと〝無い〟のでは、常識的に両立しないのは当たり前ですが、そうではなくて、「常住」は〝真実〟として存在するものの肯定、とすれば、「空・無常」は拘泥《こうでい》（執着《しゅうじゃく》）するほど価値もないのに有るとみまちがうまよいの否定、いうなれば情念（をもっていかにこころを働かせ向上するかを論ずる）論の分野のものです。これも何か面倒なハナシになってしまいました。どっちにしても、矛盾しない、とだけ、ご理解ください。

仏教思想で、唯心論の行き着いたところが、「唯識仏教」でした。無著《むちゃく》・世親《せしん》の、日本にまで伝わって宗としての名で謂えば、法相宗です。去年展覧会で空前の盛況をみせた「阿修羅《あしゅら》像」で有名な、あの興福寺の北円堂《ほくえんどう》に、国宝「無著・世親像」が安置されていますので、機会があればご覧ください。このお二人、インドの地上に存在した兄弟高僧です。ホトケさまではありませんが、その仏教哲学が、あまりに巨大ですので、それに準ずる、といえましょう。これ、明治の著名彫刻家の模刻もあります。これ、本当にそっくりです。

この二人の高僧が辿り着いた理論は、全ての認識（煩悩を含みます）の根本は私たち誰でもが持ち合わせている〝意識〟の、その奥底にある「阿頼耶識《あらやしき》」である、というのです。わたくしたち人間には、眼とか耳とか（仏教ではこれに「・識」とつけてよびます）、色々な認識器官がありますね。意識もその一つです。この「アラヤ識」という専門用語、これもその〝意識〟の一部分であるのですが、意識は、眼《げん》識とか耳《に》識に比して、表面の意識（眼が見た花を、とりあえずハナとイシキするところです）から奥底の意識（その花を欲しいと思い、失いたくないと執着する、その根本のところです）までものすごく幅広にあって、それらを一緒くたに話してはこんがらがってしまうから、その奥底にある「意識」を特別に「阿頼耶識」とよんでおく、ということです。

細かいところはとばして頂いて結構ですが、要するに大乗仏教の究極の理論化です。大乗仏教は元来、前にも申しましたように、空《くう》とか無常といって、一切のこだわりを捨てろ、と教えましたから、このままでしたら、下手な理論は持つべきでない、となってしまいます。「空」思想の徹底は、そのための「理論」をもつことも、執着の一つと見なされたのです。「徹底」というのはすさまじいものですね。ところが、古代インドには色々な思想家が登場して、そちらから議論が活発に吹っかけられましたので仏教側も黙っていられなくなりました。また仏教界内でも「悟り」の可能性をめぐって討論かまびすしく「空」の高揚だけでは、凡人はとてもさとれないようにみえてしまったのです。理論には理論を、で、ついに究極の理論化がなされることになりまして〝唯識理論〟誕生となりました。

理論化されて、徹底的に思想構築が構築されました。行き着いたところまで行き着いた、という感じです。この理論内容も、元々は万民の成仏を求めて「心」を分析したつもりでしたが、かえって隘路に迷い込んでしまった、という感じです。そこでは細かいところまで規定され、例えば「悟り」にも段階があって、これこれはここまで、というふうに、です。或いは、成仏できるけど、三劫《こう》かかる、とか……。これではとても普通人はさとれませんよね。そういう〝仏教学〟は、インドでの成立順序と関係なく、中国にランダムにバラバラ齎《もたら》されましたが、例の玄奘三蔵の請来で、極まりました。日本の仏教界は、この中国の仏教を丹念に学び、移入して、〝奈良の仏教〟が成り立ちました。空海が当初学んだ奈良仏教は、そういうガチガチの理論仏教、だったはずです。

しかし、この仏教だけを勉強していると、悟りを忘れてしまいそうになります。成仏出来ないのでは、と絶望してしまいそうになります。仏教は苦からの脱却、という原点を忘れそうになってしまいます。でも、大乗仏教は一様ではありませんでした。悩み苦しみ、までを包含して安寧をもたらしてくれるホトケの慈悲を、もう一度思い出そうと、思弁を宇宙の隅々にまで及ぼそうという、もう一つの理論が提言されました。「華厳」の思想です。唯識仏教が仏教思想の理論構造に重きを置いたとすれば、これは救済論的思弁（悩み苦しむ衆生を救う）に大きく傾いた仏教論です。これもインド以来あって、中国でもああだこうだと議論されて、日本に入って東大寺の堂塔伽藍に象徴される仏教となりました。なら、東大寺で学べばいいじゃあないか、となるようにみえますが、かの唯識仏教の学びは仏教を学ぶ基本学と認可されて久しく、どんな仏教宗旨を学ぶにも先ず唯識理論のマスターをという強力な学習傾向が奈良仏教界を覆っていましたから、仏教の原点に立ち返って、仏の救済を考えるなら、こういう理論ガチガチの奈良仏教を抜けださねばなりません。それを空海は成し遂げた、といえます。心を介して、そこに人間の向上する可能性を見出そうという「新理論」によってです。それは、かの華厳の思想を何層倍にも換骨奪胎《かんこつだったい》せしめたような壮大な仏教世界でした。その考えの一端が、このたびの言葉に表れたということです。

五、山林草木、仏にあらざるもの無し

空海の言葉に戻ります。

日月山川、自然界のいとなみは、悠々、揚々として、大河の如く、大海の如くに、ゆったりと、そしてどうどうと移り往き、その中で「経貝長く諷じ」、かつ「茶湯一埦、（或いはまた）逍遙《しょうよう》に、また足んぬ」というおもちである、と云います。

つまり、そういう豊かな自然のいとなみに匿《とら》われて、しばし経典（経貝です）を諷誦し、お茶をいっぱい頂けることに、（或いは）林の中を散歩出来ることに、無上の喜びを覚えます、と。そしてこの境地を、中国古代の隠者・許由《きょゆう》に、あるいは仏者・慧遠《えおん》のそれに喩えています。

許由は、中国最古代の理想的な皇帝・堯帝《ぎょうてい》の時代に、清廉潔白《せいれんけっぱく》を形にしたような、と伝えられる人物で、狩野永徳筆（桃山時代）と伝えられる「許由巣父図」（重文）で有名です。滔々と流れ下る瀧の下で老人が瀧の水に手を差し出している図です。老人・許由の高名を聞き知った堯が、その帝位を譲ろう、という言葉を許由が聞いて、耳が汚れたといって耳を洗っている図ですって。上野国立博物館に展示されている（はずです）。

慧遠は四〜五世紀の仏者、中国東南部の廬山《ろざん》に終生篭《しゅうせいこも》り（一生山を降りないと誓いをたてたというのです）、山林修行に励んでとうとう念仏の一門を開いた人、お寺（東林寺）の一角に蓮池を造り、そこには白蓮が咲いたので、この念仏結社を「白蓮社《びゃくれんしゃ》」といいます。中国念仏門の最初です。*

* この慧遠（三三四〜四一六）さんは、その居した場所の名から「廬山《ろざん》の慧遠」といわれます。もう一人は「浄影《じょうよう》寺《じ》慧遠（五二三〜五九二）」。廬山慧遠は、あの漢訳経に大活躍した羅什《らじゅう》と対論した書物『鳩摩羅什法師大義《くまらじゅうほっしだいぎ》』という本が残されています。これ別名『大乗大義章』といいます。この慧遠があの羅什と問答したということで、どちらかというと羅什の書物といってもいい、と評されているほどですが、五世紀代の、純中国社会で活きた慧遠とインド世界を知っている羅什という二つながらの仏教世界を知るに恰好の書物です。ちなみに、仏者は王者に敬礼する必要なし、という「沙門不敬王者論《しゃもんふけいおうじゃろん》」を主張したのは、この慧遠です。

ともあれ今空海は、この四十歳になった暁に、以上のような「長夜《じょうや》に円融《えんゆう》を念《おも》う」ひとときが得られた喜びをあらわそう、と思うにいたりました、ということです。「円融」は悠々自然のホトケの境界をいいます。

ということで、今回の文言句に纏《まつ》わる趣旨は、仏の世界がわたくしたち凡夫から遙か遠くの世界にあるのではなくて、「我心」乃至「胸中」にある、ということと、このことを確信的に述べる空海の主張の、この時代に如何に革新的であったかをご理解いただければいいかと存じます。その〝革新的〟たる由縁を解っていただくために、一寸ばかり小難しい仏教理論を展開してしまったかも知れませんが、お許しください。

こういう超広範な成仏観（さとり感覚）を抱いて、空海は奈良仏教を凌駕し、平安の御世に新しい日本仏教を構築しました。それは空海自身の〝選択〟によって構築されたのです。「選択」といえば、鎌倉仏教の専売特許のようにいわれた時代がありました。筆者の学んだ青年時代の日本歴史学界は、まさにそういう時代でした。でももう今は違います。空海の一生こそ選択に次ぐ選択でした。そうして奈良仏教とは、ひと味もふた味も違う革新的な平安仏教が形成されたのです。このことは以前にもちょっと触れたかもしれませんし、またこれからも申し上げることがあるかもしれません。一度出来上がったような学説を正すには、何度でも言わなくてはならないもので、どうかご理解ください。

今夏（この文章、連載の執筆時です）はことのほか暑気厳しい日々が続きまして、若干老気を感じ始めた筆者もいささか疲労感否めませんでしたが、そんなとき漂い来る一服の清涼なそよ風にあうと、ほんとにホトケの慈悲ではないかと想われるときがございました、ものです。ホトケは本当に何処にでもおわす、ようでございます。

仏法遥かにあらず、心中にして即ち近し

法身《ほっしん》（は）、何《いづ》くにか在《あ》る、遠からずして即ち身《しん》なり。智《ち》体《たい》（は）、如何《いかん》、我が心にして、甚《はなは》だ近し。

（空海『性霊集』巻七）

法身在何不遠即身智体如何我心甚近

一、ホトケさまは何処に居られるのでしょう？

「法身」というのは、お悟りを啓《ひら》いたホトケさまのお姿、すなわち真理そのものをいいます。お釈迦さまは、八十年の地上のお姿を示してから涅槃に入りました。その入滅の間際、弟子たちはこれからお釈迦さまのお姿が見えなくなってしまうことに、心も消え入るような寂しさ、頼りなさを嘆くと、お釈迦さまはおっしゃいました。「嘆くのではない、これは自然なことだよ、これからは私の言葉を頼りに自らを律して活きなさい」と。その「お言葉」とは「真理そのもの」です。真理は普遍性を持つもの、普遍性とは何時の世にも通用する、という無限に高いもの。これを聞いた弟子たちは、この言葉という真理にも、地上で生身のお姿（身）を示してご活躍されたお釈迦さまのように〝お姿＝身〟が有ると〝こころのなかで〟設定して、これを法（＝真実）のお姿（＝身）、としました。すなわち法の身、法身です。

その法（真理）のお姿（身）は何処にましますや？　と空海は（社会の皆さんに代って）自問して、自答します、「遠からず」と。

法身というものは、そういう真理そのもの、理想世界の姿をいうものですから、普通の凡夫人（わたしのような、です）には、とても追いつけるものではない、遥か遠くに聳え立つ如くに手の届かない世界のもの、という、一般的には考えられがちでしょう。しかし、この空海和尚の答えは全く反対で、「遠からず」であります。しかも「即ち身なり」と、いうことです。「即ち」はイコール（等しい）、ととれます。「身」は、己の身、と、考えられています。「己の」は一番平たく言えば「衆生」、一般大衆です。ただし、これは全く（よく、箸にも棒にもかからない、といわれるダメな）凡夫たる「己」ではないでしょう。前後をよく読んでみますと、この文の直前に「三宝に帰依す」とありますから、この三宝に限りない尊敬の念を抱いている衆生、です。三宝*、すなわち仏宝・法宝・僧宝の「僧宝」に属する（といいますか、僧宝になれるように修行怠り無い）おのれ、ということでしょう。それにしましても、この三宝のなかの「僧宝」は、具体的にこの地上世界の寺院内で仏宝と法宝を護って日夜努力する僧侶たち（の集団）を指しますから、わたくしたちの日常から決して遠いものではありません。こういう僧侶の集団は、常識的な眼があれば、視ることが出来ましょう。

＊「三宝」は、聖徳太子の「十七条憲法」に登場します「篤《あつ》く三宝を敬え」の三宝です。仏（悟りを啓《ひら》いた聖人）と法（その普遍的な真理の教え）と僧（その教えに向って日夜努力を重ねている人びとの集合体）を「宝（誰もが大事にしたいと思うもの）」に喩えて、「三つのタカラ」と言いました。

「智体」も、かの「法身」と同じです。小難しくいえば「智慧の当体」とか、要するに「智慧そのもの」です。智慧なるものを人格のあるごとくにみて「智慧という姿」（＝智体）といいました。おんなじものというなら、どうして二つ重ねたのかと考えるに、先の「法身」は「仏宝」、いまの「智体」は「法宝」にあたるとみえます。そしてこれはどこにあるか、といえば、これも「我がこころ」に、と言います。この「我」も、あの三宝に帰依した衆生という「わたくし」でしょう。これはこの地上に努力する大衆、ですから、これなら「甚だ近い」こと間違いありません。

仏法は、私たちに決して遠い存在ではない、悩む衆生のすぐ近くにあって、いつも救いの手を差し伸べてくれている、という、空海和尚の明瞭な主張を、ここに見ます。

二、東大寺僧・空海

話は少し転じます。

「東大寺」は、奈良仏教を代表する、否、日本仏教文化を代表するお寺で、ここにあらためて説明する必要も無い、超有名なお寺でありましょう。

東大寺さんのホームページを開けると、「華厳宗大本山　東大寺」と出てまいります。「華厳宗」は『華厳経』をもっとも重視（所依経典）するということ、『華厳経』は「無尽の仏法」を説いて余すところが無い、という経典です。この世界のすべての事柄が全部関係しあっていて、それは最後ほとけの智慧に総括されますから、全て救われないものは無い、というのです。全て関係しあっていますから、地獄にさえホトケの一分はある、というのが有名な教えです。これは普遍性を有する真理の教えですから、普遍は広大、広大は今に言う〝宇宙的広さ〟となりますでしょう。

その象徴があの大仏、大きいでしょう、大きいはずです、宇宙の象徴ですから。華厳の教えでは、何故か「十」という数的規格が重視されています。十でその無限大を表記する、如きです。で、ほとけは丈六、と古来謂われていますから、その十倍で十六丈、坐像にすればその半分で八丈、ということで、あの大仏は造られているのだそうです。これをメートル法に直すと約二四メートル余、今の大仏は一四・七メートル、台座をいれれば優に一七メートル位にはなりますでしょう。これを納める建物となれば、これもまた大きい。間口五七・五メートル、奥行五〇・五メートル、高さ四九・一メートル、といいます。しかもいまの間口は、創建時の三分の二といいますから、その創建ころは八六メートル余あったことになり、よくもまあこんな大きいのを、あんな古代に、と思ってしまいます。でも、『華厳経』の巨大な理念を形に表そうとしたら、こういうことになってしまうのでしょう。今の東大寺にお邪魔しても、何でもかんでも頭《づ》でかいというのが正直な印象です。

古代のお寺というものはどこでも、概していろんな教学的変遷を繰返してきたものであります。今風にいうと、色々な宗旨を経験してきた、ということです。奈良の長谷寺は今、真言宗豊山《ぶざん》派の総本山ですが、元々は観音の霊場、それが東大寺末となり、ついで興福寺末となった（今真言宗）、ように、古い寺ほど変遷を繰返すものです。そのなかで東大寺の歴史は、その前史からみても『華厳経』と一途に繋がって今日まで来た、希有なお寺といえましょう。

今語る節の名目は東大寺僧空海、そのお寺の僧として空海が位置付けられる？　それでは空海が一時『華厳経』に埋没した、ということでしょうか。

空海は弘仁元年（八一〇）東大寺の別当に任ぜられています。* 別当職は官職の一種で、他の職にあるものが、特別にこちらの職も兼職願うときの役名です。空海はこのころ高雄山寺の経営に精魂を果している頃で、ここを出るわけにはいかないので〝別当〟職となったということでしょう。これは『東大寺要録』という東大寺内にある記録から知られることで、真言宗側の記録からではありません。真言宗が権威を借りようというようなもの、ではない、ということです。

＊ この真疑について議論があるのは重々承知していますが、私としては、こういうこともあったかと、考えています。

空海の東大寺との最初の関係は、延暦二十三年（八〇三）四月九日東大寺戒壇院で具足戒を受けたところからでした。そしてこの五月十二日には入唐船に乗船しているので、あまりに都合いい日程、と、怪しむ向きもあるのは事実ですが、受戒は元来、捨戒《しゃかい》（戒をすてる儀式があります）も含めて都合に合わせて為していい類いのものでした。受戒しても、何か自らのこれからの行動に臨む、都合があって戒に触れるような行為の予想される場合、あらかじめ捨戒しておいてその行動に臨むのでいいのです、少なくとも中国仏教までは。空海がそういう戒律の様子を知っていれば、授戒行為を必要に合わせて享ける、ということは十分に考えられることです。

空海の別当職は同四年（八一三）まででありましたが、のち弘仁十三年（八二二）には寺内に真言院が創られています。翌弘仁十四年（八二三）には灌頂《かんじょう》道場が設けられ、ここで灌頂作法が執行されたのです。灌頂とは、真言宗でもっとも高位の修行階梯で、これを受ければ本当に真言の道に入ったことになり、その修法を実行したもののみが阿闍梨（免許皆伝）となれる、となっている、珠玉の修行法であります。

ちょうどこの年（八二三）の正月には、空海が「東寺」を賜りました。そして同十月には、東寺に五十人の真言僧侶の居住が許されます。同時に空海は『三学録』という、真言僧の学ぶべき典籍四百二十四巻を設定してその書名を網羅した本を公にし、ここに真言宗としての方向性が定まりました。

東大寺は奈良時代、六宗（三論・成実・法相・倶舎・華厳・律の六つです）兼学の寺として聳えていました。平安時代になって、これに真言・天台の学問が加わり八宗兼学となりました。仏教総合大学です。でもいま、要するに、東大寺は圧倒的に真言宗的装いを凝らし始めたのです。空海の入定後も、貞観十七年（八七五）には、聖宝《しょうほう》によって東南院が建設されます。今の東大寺図書館があるところ辺りに、でした。ただし学問的には八宗兼学の精神は活き続けてもいました。真言宗がそういう教学宗旨でもあったから、といえましょうか。なおこの聖宝というひと、醍醐寺の創建を為した高僧です。

空海が東大寺化したのではなく、東大寺が空海化した、といえましょう。

三、仏法遙かにあらず

今回の言葉は、「平城《へいせい》の東大寺に於いて、三宝《さんぼう》を供《く》する願文」と表題されるところに登場します。これ末尾に「天長元年（八二四）三月二日、空海疏《もう》す」とありますから、先に申し上げました灌頂を実践した翌年のことです。「平城」は奈良のこと、「供する」とは供養すること、この灌頂のお礼参り（というような意味で）に、この大仏の眼前で大法要を為さったのではないかと存じます。こういうとき、その法要の趣旨を述べるのですが、それは「願文」にもなります。

仏弟子の私メ、三宝に帰依し奉る、と言って、この文章となります。

そして以下、ほとけの真理の輝きは何時までも果てることなく永遠に存在し、蒙昧の淵に呻吟する我ら衆生を救って止みません。これまで迷いの世界に浮かれていた我らですが、いま縁あってこのほとけの智慧に接することが出来、救われようとしています。これからもおのれの愚かな活き方を反省し、精進の日々を生きるよう、そのホンのおしるしに「麁飯《そはん》」を供養して三宝に誓いたく存じます、と。

重ねて申します。こういう智慧と慈悲を有する仏さまは、その力広大でありますから、わたくしたち凡夫からは遠い存在、とみられがちですが、実はそうではない、と空海は考えていました。

これが、今回の言葉です。

これはいま、この願文を認めるに当って、ふと思いついた麗句としての修飾語、ではありません。これは空海の「確信的思想」のひとつでありました。同じ趣意の言葉を、空海は他のところでも吐露しているからです。

現代の日本仏教世界でどんな経典がポピュラーかと問えば、『般若心経』をおいて、ほかにありませんでしょう。これは日本仏教ばかりでなく、今の中国仏教界でも、よく唱えているようです。そしてこれは、東アジア仏教世界の歴史では、現代、ばかりでなく、遙か昔から実に多量に唱えられてきたようです。中国奥地に「敦煌莫高窟《とんこうばっこうくつ》」という仏教の聖地がありますが、前世紀の初頭、この洞窟から多量の文献が発見されました。そして、そのなかにある『般若心経』の写本の数は半端なものではありませんでした。それだけ唱えられていた、という確かな証拠でしょう。

で、これだけ流布している経典には、これに〝解説〟を付そうとする仏者が、今も昔も、少なくありません。わが国でも、この注釈書は沢山存在しています。空海も例外ではありません。空海も注釈し、これを『般若心経秘鍵』といいます。その冒頭文に、次の如く、高らかに文章を始めています。

「それ、仏法遙かにあらず、心中にして即ち近し。真如、外にあらず、身を捨てて、いずくんか求めん」と。

これ、今回取り上げた文章の趣旨とぴったり合うフレーズです、ね。しかも、実はこっちのほうが、ずうっと有名なのです、宗派内外に。空海のこの「思想（仏法は私たちの近くにある）」を語ろうとするときは、必ずこの『秘鍵』の方を引用します。今日ここに挙げた文を出す人は、いません。ただし『秘鍵』の撰述年代には議論があります。

こっちのほうがはるかに解り易い、ともいえましょう。解説も必要ない、くらいに解り易い。仏の教えは「心中」に存在する、その「心中」は前章で取り上げた「胸中」と同じ、そんなに難しく考えなくていい、私たちのこころのなか、と考えていいものです。因みに今回とりあげた主張が、前回のそれに添うものでもありますことは、もはや読者諸賢には察知済みのことと存じます。これが空海の基本的認識である、と申せましょう。

「真如」は永劫性をもつ仏の教えそのものをいいます。これも自己以外の「外」側の何処かに探しにいくなんて愚かだ、ということです。これ、文章を読めば、何方《どなた》でも解る、のではないですか。ですから、もうこのことで問題は、無い、といえますが、小輩の個人的興味として、あと一つだけ拘ってみたいことがあります。どっちの言葉が先に発せられたか、どっちかな？　って。その言葉の発せられた年次の前後問題です。

四、初めが易しいか、終りが易しいか

ひとの生涯で、物言いとしては、人生の初めころが易しいか、終りころが易しくなるものか？今回の言葉は天長元年（八二四）の文章、なら『般若心経秘鍵』の著述年代が分かれば、問題無し、なのですが、ところが、この年代論が今、有力説として二つあるから、ややこしい。二つと言うのは「弘仁九年（八一八）説」と「承和元年（八三四）説」、これが凡《およ》そ壱千年の長きに亘って議論されてきて、まだ決着ついていない。好んで決着しない、とさえ思えるほどで、この年代論、これまで偉い先生方によってほとんど論じ尽くされてきた、感があります。ですから、ここはこの論争を決定しようというところではないので、わたしとしては、とても印象論的な言動をもってしめたいと思います。この度の「願文」は八二四年、ちょうど両者の間に置かれる年次です、ね。小輩は、先ほどみたように『秘鍵』の文のほうが圧倒的に解り易い、ここにつかまろうと考えています。

さて、第一説の八一八年とは、この年の暮れ近く空海が初めて高野山に上った年です。前々年高野山勅許が下され、前年には弟子等を派遣して開創の作業に着手、そしての登頂でした。現行の『秘鍵』本の末尾に「上表文」があって、ここに「弘仁九年」の年期が記されているのです、が、これは後年付加された偽文、と古来言われていて、信用度ががっくり落ちるものです。

他方、八三四年は空海の最晩年、この前々年に高野山に隠棲、というが、そのあとも下界での活躍が伝えられています。八三四年の二月には、東大寺の真言院で『法華経』を講筵《こうえん》したと、これに続いて『秘鍵』も講説したと言い伝えられているのであります。

で前述した、難易の問題ですが、ひとがものを書くとき、同じような主張内容を書いても、その執筆の年次によって、その難易が文章にどのように(難易の前後です)あらわれるか、ということです。これを考えましたとき、易しくまとまっている『秘鍵』の文が、後年にあったほうがおさまりがいいように思考いたしました。

大体に世上では、『秘鍵』は『般若心経』の注釈書の中でも、特異な存在とみなされています。これは『般若心経』を全くの密教典籍とみなしているからですが、わたしはその通りと思っています。これは確かに『心経』注釈史的には少数派の解釈で、ただ極めて達意的であることは何人も認めているところで、それはまた完成度が高い(理解し易しい)、とも言える事と思っています。そうとすれば、空海の生涯を通観するとき、その執筆は晩年が相応しい、ように愚考する次第であります。晩年の講演題目、という観点からも『法華経』に続いて『般若心経』は相応しい、という印象です。八一八年という場合、この年の全ての行動がわかっているわけではないですが、『心経』に注釈を施す、という行為をこの年に想定するのは、この年末近くに高野山に上る、というこの年の行動パターンとしては、ちょっとしっくりいかない、と思えてしまうのですが……。

著作年次決定は学問的課題、これを印象でモノをいわれては、という向きもあろうかと存じますが、ここは学問的議論の場ではありませんので、お許しください。かっこよく言えば、文章作成の感性に正直になりたい、ということです。

主題に還ります。

空海は、仏法を身近なところに存在する、現に救済力の可能性を有するものとしてみていた、ということ、です。これは、彼の一時代前の奈良仏教が煩瑣な学問仏教に進みすぎて、救済の可能性さえ遠のくような仏教となってしまった、という反省の視点に立って、平安という時代の幕開けとともに、新しい仏教を模索した結果の一つ、とみなされます。『華厳経』は大乗経典の雄、空海はそれを凌駕する『大日経』を抽出し、その救済を現の世に流布することに成功した、といえましょう。

五、余論、ひとつ

『般若心経』の話しついでに、真言宗では今、これを唱えるのに必ず「仏説」を付けます。この注釈に空海が使った心経本は、玄奘訳（他にもたくさんの漢訳があります）のものとなっていますが、これには「仏説」はありません。ですから、他の宗では決して「仏説」は付けずに唱えますが、真言宗では付けるのです。それは、空海が『秘鍵』で、「仏説」から解説し始めているからです。

そこでのちの末註者たちはその齟齬《そご》に困って、さまざまに解説を施しているのが実情ですが、どれも場当たり的で裏付けがなく、こっちの想いにピッと来ません。ところが、前述したかの敦煌発見の文書の中、『般若心経』の写本で「仏説」の付されたものが少なくなく発見されたのです。唐代の写本です。これを一目すれば瞭然のことでしょう。実は敦煌写本というのは、「敦煌」という地で営まれた仏教界の実情の反映であると同時に、中原《ちゅうげん》（長安を中心とした漢族中央世界を総称します）仏教世界の忠実な反映でもあるのです。ですから、この敦煌写本のありさまから、中国仏教界では「仏説」を付した読経が日常的に為されていたのであろう、ということが、十二分に推察できるということです。入唐した空海が長安の仏教界のこの〝現実〟に触れて、確信的に「仏説」を付けて解説を始めたのは、むしろ自然のことであったと思われます。

これ、空海が「仏説」を付けた十分な裏付けとなる、と、このことをわたくし、随分前に公に発表したことがあったのですが、近年、中国から『般若心経』を彫りこんだ唐時代の石碑の発見が報告され、それにも「仏説」が刻み込まれていたのです。漢訳当初の原文には「仏説」はなくとも、これを唱える段で「仏説」が付される、ことは、仏法の儀式執行において、決して不思議なことではありません。そして空海は、この〝現実〟を実によく学んでこられています。一例として、空海和尚の齎《もたら》した胎蔵曼荼羅（仏の世界です）には六道（仏の世界には入れないとみなされていました）が描きこまれているのも、空海の観察眼の現実性を物語っているでしょう。この絵様は『大日経』にはない〝現実〟です。このことはまた機会があったら詳しく述べたいと存じます。

ともあれ、今回の言葉を奏上する空海の眼前には、東大寺のあの盧舎那大仏さまがましました、ことと存じます。ですから冒頭の「法身」というのは、この大仏さまそのもの、とみても差し支えないでしょう。ここで「仏説」心経も唱えられたかもしれません。その指し示された「蓮華蔵世界」は、現にここにある、とわが身で思い至れば、まさに「仏法遙かにあらず」であります。そしてこの趣旨の思想は、空海の生涯の理念でもありました。八十八ヶ所お遍路を為さるとき「同行二人」と書くのは、大師遙かにあらず、の思いを書いたことになります。空海の思想（法の身）が、今に生きている、ということでありましょう。

やはり、仏法は遠くない。

国交は善隣友好と、相互尊敬のうちで

隣《となり》を善《よ》みし、義を結び、相《あ》い貴《とうと》びで通聘《つうへい》す。往古今来《おうここんらい》、斯《こ》の道、豈《あ》に息《や》まんや。

（空海『性霊集』巻五）

隣善義結相貴通聘往古今来斯道豈息

一、国交樹立

この文の前には「渤海《ぼっかい》と日本と、地は南北に分れ、人は天地《てんち》を阻《へだ》てたり」とあって、「然《しか》れども」と云って、この文が続くのであります。

「渤海」とは、とある国の名です。

この国は、七世紀末（六九八年建国という説が有力なんだそうです）から十世紀前半（九二六年滅亡といいます）に、今の朝鮮半島の根元部分から北に、中国東北部、そしてロシア東辺部にかけてまで、その国域を及ぼした、中世アジア世界の有力国家でした。日本で言えば、奈良以前から平安中期までに及ぶ、長期政権でした。ロシア東辺部は、いま〝沿海州〟というところ、大陸の日本海に面する部分で、あの日露戦争のバルチック艦隊が入港しようとしたウラディオストックのあるところです。

渤海（ボッカイ）という地名は、もともと、今の遼東《りょうとう》半島と山東半島に囲まれた海域をいう名で、当国の起りに際し、この国王が宗主国《そうしゅこく》の唐から、名目上〝渤海〟国の王として任命された、この縁による、のだそうです。でも、この国についての唐の記録も変化甚だしく、これは唐側の渤海位置の把握が曖昧《あいまい》であったということかもしれません。ともあれ、巨大国家・唐の冊封《さくほう》体制（名目的な君臣関係、宗属関係）に載りながら、その離脱する方向で国家として唐に認めさせた、というのですから、随分に外交的苦労を味わった国造りでありましたでしょう。外交は、どこでも、いつの世でも、大変なものです。

この国の位置を日本側からひと言で言えば、要するに日本海を隔てた向う側の陸地、です。となると、わが古代国家との通商が考えられますが、案の定、あの大仏建立発願者で有名な聖武《しょうむ》天皇の時代（七二七年が最初、だったそうです）頃から行き来が始まったようです。当初は難破にあったりで、大変だったようですが、そのうちにかなり煩瑣《はんさ》に往来がなされ始めたといいます。国交が樹立されたのです。

これから十世紀前半まで、三十四乃至《ないし》五回の使節団が、日本にやってきています。これ、煩瑣でしょう。建国当初、渤海国は、中国中原《ちゅうげん》にある唐王朝に対して、朝鮮半島には統一新羅《しらぎ》、西側には契丹《きったん》国と、これらが唐と親交を結ぶという状況で、孤立感を深めていたところでしたから、日本国に救いを求めるような軍事的通交であったとみなされています。

そのうちに、渤海と唐との関係は良好になったのですが、これで日本との関係が止《や》まることはなく、今度は経済的な意味合いで、長く続いたようです。これ、朝貢《ちょうこう》貿易（貢献・賜物による貿易形態）の体裁をとっていたようで、これは、享《う》ける日本側としては、名誉だけは日本側にあるのですが、先方の持ってくる物資に、数倍の返納をしなければならないのが朝貢貿易の形式ですから、日本側国力に余裕のあるときはいいですが、これが弱くなると、返賜《へんし》に耐えられなくなります。で、その年数に制限を設けて回数を減らすようにしたようですが、なんと渤海自身の滅亡間際まで続きました。日本側も、八百年代になると遣唐使の中止というようなことになりましたから、こっちを続けるのは、文化輸入上に補完の意味もあったかもしれません。この国は、文化的にはすっかり唐文化を受容して国造りをしていましたから。

二、善隣友好

さて、この文章の題目は「藤大使《とうたいし》、渤海の王子に与ふるが為《ため》の書」といいます。「藤大使」は藤原葛野麿《ふじわらノかどのまろ》という人で、これは、この人が遣唐大使として入唐しましたときのおハナシです。大使が渤海王子に宛てた手紙を、空海和尚が代筆しました。今回の文は、その冒頭の文章です。

おたくさまの渤海国とわが日本国とは、海を挟んで南北に土地も人も分け隔てられている、でもわたしたちは、善隣友好の精神で、相互尊敬のうちに、よしみを通じ、貢物《みつぎもの》を贈《おく》りあっていまして、昔から今に至るまで、この交流の道を止《や》めるなどということは、決してありませんでした。

と、いうことです。代筆は、自分の名前で書くより、ずうっと難しい、ものです。自分としての文でしたら、失礼があってもその責めは自分がとればいい。しかしその人の名で出したときは、そうはいきません。しかもそんなことがあったとき、それはわたしが書きましたからお許しを、などと言うわけにもいきません。これでは二重の失礼にあたりますでしょう。まずお手紙ご本人の意図をしっかり聞き取ります。そしてその意趣を的確に表現し、その方に見合った格式のある文章を作らねばなりません。それには、代筆者自身、その本人さまの意図に共鳴し、自らその気にならなくては、とても、その趣旨を過不足なく書き上げることは無理でしょう。つまりここに書いてあることは、藤大使のお気持であるとともに、代筆者即ち空海のお心でもある、ということです。

それで、ここで強調しようとしていることは、まさしく「善隣、結義」ということです。この精神で、遠く隔たっている両国は「通聘《つうへい》」しています、ということ。「通聘」とは、交通し貢物を贈りあっている、ということ、です。そしてさらに大事なことは「相い貴ぶ」ことだと云ってます。事務的な貿易のやり取り、なら、いくらでもそこらにあるでしょう。国際間の貿易の基本として、「善隣」ということが成り立ったうえで、そのうえで「結義」正直に誠実に約束を履行する、これが国と国との正常なおつきあいです。でも更に、わたくし達は「相い貴ぶ」相互に尊敬を旨として今日までやってきました、ということが、ここではとても大切であることを、際立たせています。

翻《ひるがえ》って、今日このごろの国際情勢を顧《かんが》みるとき、これはなんとみたらいいでしょう。千二百年以上前のことです、この文は。この文を今日取り上げたのは、そんな今日ビの国際情勢を揶揄《やゆ》するためではなかったのですが、にわかにずっしり重みを感ずる言葉となりました。

以下、文章は……、

この入唐、朝貢の儀に際して、長安城において、偶然にもあなた（渤海王子）様を、お見かけ致しました。予期せぬ邂逅《かいこう》で、喜びは何にも増して、ひとしおです。あなた様、まことにお元気そうなご様子なによりでして、親しくご面談いたしたく存じますが、いかんせん、わたくし今は役務中ということで拘束状態に置かれていますから、個人的な行動は制約されて、お会いしたくてもそれが叶《かな》いませんこと、「断腸《だんちょう》」の想いです。しかももう帰国のときがきてしまいました。今後おそらくもう二度とお会い出来ないであろうことを思いますと、「顧恋《これん》の情に任《た》へ」られません。その意は尽くすことが出来ませんが、せめて一筆、ここにさしあげる次第であります。よろしくお察しくだされますよう。

三、盛宴のなかの寂寥

この時、藤大使の心持ち、察するに余りあるものがあります。わが日本国の代表として遣唐大使を務める、とはいっても、巨大唐帝国からみれば、小さな島国の、それも恐らく小柄な日本人であったかと推量します。唐周辺国の大陸系民族の代表など、その図体《ずうたい》、随分大きかったのではないでしょうか。こういう体型、こんなとき結構、神経にひびきます。おそらく各国から多数、こういう大使たちが皇帝に拝謁《はいえつ》に来ていた、と思います。お正月には近隣国は挨拶に行かねばなりませんから。

藤大使さん、随分に心細い、お気持であったのではなかったでしょう。

長安街は殷賑《いんしん》を極め、華やかな国際都市の様相を、これ見よがしに彼等に見せつけていたに違いなく、それはそれは盛況を極めていた景観であった。こういうときの一人ぽっちは、かえって孤独感が身にしみるものです。こんなとき、日本の地位につくづくと感じ入ったかもしれません。東海の小島の国から、ともすれば難破しそうになりながら、ようやく辿り着いた日本人です。また島国ですから、お付き合いも限られています。いきおい知り合いも少ない。地続きの国同士なら、敵対関係も含めて、日常的に付き合いをする大使もいたでしょう。そんな国は日本にはありません。渤海は、そんな日本にとって、数少ない〝隣国〟でした。

そんな時《とき》と処《ところ》で旧知の方に会えた、これは、歓喜《かんき》雀躍《じゃくやく》、何ものにも勝《まさ》るお心持で、あったことと思います。先ほど申しましたように、渤海はわが日本国に朝貢していたので、この王子さまもそのあるとき来日したことがあるのでしょう。そして、政府要人となっていた藤原葛野麿と知り合い、昵懇《じっこん》を結んだ。私邸に呼んで親しく接待などもなされたのかもしれません、葛野麿さん。その王子さまと、右も左もわからない波濤を超えた外国の地で対面できたのですから、これは〝感動もの〟でしたでしょう。でも異国、官僚国家唐地での役務規則に縛られて、近づいて話し込む、など出来ないもどかしさ、この気持をせめて伝えたい、この一念で文《ふみ》を認《したた》めたのです。

日本と渤海は朝貢関係、される日本が格上になります。ですから、その格上の日本人側が出すのですから、少々高ピーでもおかしくはない、というシチュエーションですが、この文面から醸《かも》し出される雰囲気は、まことに対等、どころではない、親しく、誠実に、尊敬と信頼感で満たされている、という印象で終始したお言葉です。これは先にも申したように、大使のお気持であるとともに、空海の心を篭《こ》めた言葉でもある、と存じます。

こうみると、前《さき》ほど、国交続行を軍事的→経済的と、近代人のすきな功利的な面のみから説明するのも、考えものかもしれません。尊敬には尊敬を、です、よ！

こういう言葉、ほんとに心にしみ込んでいなければ、なかなか搾《しぼ》り出せないものです。空海は、さまざまな情報から、この異国での仕来《しきた》り、礼儀のあり方、国際情勢、等など、熟知していた、から、大使も代筆させたに違いありません。その期待に見事にそうて、ここに文を、何の参考書もなく、さらさらと書き下ろしました。

この手紙が書かれた日時ですが、もう還るときがきてしまった、と言ってますから、一行は西暦八〇四年、唐年号の貞元《じょうげん》二十年暮れに入国して、大使は翌年二月には帰国の途についていてますので、その直前、つまり八〇五年の二月の帰国日直前ということになります。ただし貞元では二十一年、とはならない、この年の正月前後に皇帝の死去、交代が続いて、年号がくるくる変っているので、文書にどう記すか、複雑です。こういうとき、辺境ではそのまま「貞元」号を使っていることさえあります、日本のように。

ついでに申します。空海はこの大使一行の一員として、大使が政府から宛《あて》がわれた宿舎にいる限りそこに居れますが、大使が居なくなると即座に宿舎を出なければならず、八〇五年の二月十日西明《さいみょうじ》寺というお寺に移動します。それから、長安の形勢をみて、かねてより的を絞っておいた青龍《しょうりゅうじ》寺の恵果阿闍梨《けいかあじゃり》に、さっそく西明寺の寺僧さん方に伴われて会いにいってます。

ところで、この十日以降の空海の行動について、これまで実は色々に謂われていて、その中には、どうもしっくりいかない説もあります。で、わたくしは、今述べたように空海さんは、さっそく行動した、と理解しています。こんな、数ヶ月の行動、どうでもいいではないかとお考えの方もあろうかと存じますが、これをどうとらえるかで、空海像がガラリと変わってしまいますので、ちょっとうるさく申しました。

その理由、一つだけ申します。

この年（八〇五年）の六月から一ヶ月ごとに三回、空海は、恵果阿闍梨からの灌頂受法《かんじょうじゅほう》儀式に入ります。これは真言密教にとって、物凄く重要、真言密教究極の作法です。空海が日本の仏教界に居るとき、誰も知らない、何処にも無い、仏教作法でした。空海一人が、密教こそ仏教の雄、それには灌頂を受けねば、と理解して、目的をこれに絞って渡唐しました。ですから、入唐目的はこの灌頂受法一本に絞られます。
で、従来、この二月西明寺に入ってから「五月ごろ青龍寺に行った」と、近代の学者がしてましたので、空海は何故すぐに恵果の元に行かなかった？ と問うひとがいて、これは空海が自分を高く売るために、わざと時間をおいていた、というように云われてしまいました。これを云ったのが、今は亡き著名な作家でしたから、そういうものか、と、空海の性格が聊《いささ》か嫌らしくえがかれてしまったのです。また真言宗内でも、この作家が空海を取り上げて小説にしてくれたので、空海像の一般知識化に大いに貢献してくれた感あって、余り大きな声では反論もしない、というありさまでしたから、何か空海の性格が、ちょっとならずゆがんでみられてしまいましたのです。

ですが、空海が恵果の元に五月に行ったという資料は〝どこにも無い〟のです。後人のまったくの想像です、これは。想像するならもっとまちょうな想像をと思い、わたくしは、青龍寺に行ったのは、西明寺に入ってそれほど経ていないある日、と想像しました。想像ですが、根拠はある、と思っています。

何故なら、灌頂という作法は、実は、現在ではとても簡便に出来ることになっています。が、そのころは、自分で必要な道具をすべてそろえ、第一その「作法の次第」は自分で造らねばならない、そういう難解な作法でした。このさまざまな準備にとって、西明寺入寺から四ヶ月（二月から五月まで）でも足りないくらいです。でも恵果和尚のお体が、死期せまっていました。こういうことも、長安に居ればよく分かっていた、はずです。ですから、最初に青龍寺に行ったのは、二月の入寺からそれほど経っていないころ、と想定しました、のです。

ラフな〝想像〟がもう一つ。

この三ヶ月の空白期間に、般若三蔵《はんにゃさんぞう》に会った、という想像説もありました。これは資料的に間違い、です。資料はみな貞元二十二年、となっています。つまり翌年（八〇六年）、空海帰国の年です。さっき謂ったように、「貞元」年号は、二十年まで、二十二年は無い、というと、もっともらしいのですが、八〇五年即ち貞元二十一年に当る年の正月前後、唐皇帝の交代劇が続き（恐らく〝政変〟があったのだと思います）、周辺国家においては、年号記録に若干の混乱が生じました。その結果です、わが国で二十二年と書かれた事は。

この般若三蔵さん、梵語の先生でした。空海はここで梵語を勉強した、というのが、その想像の根拠です。が、これ、ここで梵語勉強を始めたようでは、灌頂受法失格です。辞めなさい、となります。空海は偉大だから、この数ヶ月でマスター出来た、な〜んて謂うのは、贔屓《ひいき》の引き倒し、ですって。梵語は、奈良の仏教界で十分に勉強出来ました。

どちらの想像も、近代人の狭量な精神のなせる業《わざ》、これからはこの二つの説、決して謂わないでください。

四、この文面から見えてくるもの

その一つとして、唐政府と致しましては、外国使節団の連中が、勝手に私的に接触することを禁止していた、ようです。ですから、藤大使、渤海王子さまを垣間見ても、トンで行って声をかけられない、となります。そうでもしないと、収まりつかない場面もあったのでは、と思っています。大陸国家は地続きで付き合います。いつも善隣、とばかりにはいかない事もあったでしょう。敵対関係者同士が鉢合わせして、そこでドンパチ始められては、大唐政府の面子《めんつ》が立ちゆきません。当局側も、注意して使節団を管理し、そんな関係国同士が会わないようにしていたこととは想いますが、何があるか分かりませんから。それに、この逆もあるかも。長安城内で同盟されて、のちに唐に刃向《はむ》かわれても、これも面目無い。禁止に越したことはありません。

ついでにみると、空海が藤大使使節団中の人員で居る限り、みだりに団を離れることもままならなかった、でしょう。日本団の統制ということと、唐の当局からの制約と、の二面から。でもわたし、西明寺に入る伝《つて》、ぐらいは、探っておられた、と〝想像〟しています。空海の入唐は、よほど情報を収集しての結果とみていますから。それについて従来、この頃の日本における国際情報の口は遣唐使のみ、という感じで語られていますが、大陸との連絡は、この渤海使の往来も含めて、民間交流が相当あったのでは、と思っています。空海がこの遣唐使上船に拘《こだわ》ったのは、これが正式交流で、灌頂の付法は正式正嫡《せいちゃく》でなければ効力無い、ということから、と思います。交流、情報収集だけなら、民間船でも、OKです、って。つまり空海は情報収集手段を幾つも得られた、ということ。平安・平城京は情報に溢れていた！

何年か前、西安市の工事現場から一枚の墓誌が発見され、そこに「日本」の「井真成《せいしんせい》」なる名がみとめられました。これは誰か、という課題が今も語られていますが、日本人が唐に居るとき、日本名とは違う名で呼ばれることが知られました。あの遣隋使・小野妹子《おののいもこ》も「蘇因高《そいんこう》」といわれています。いま「藤大使」は「賀能《かのう》」と名乗っています。漢人にとって、東夷人《とういじん》の名は呼び難《にく》く、呼び易い名を勝手につける、如何にも中華たる漢人らしい、ですね。今、さる隣国の方が、名前をその国の発音で呼んでほしい、といわれます。その発音ですが、日本人の舌の動きで発音して、分かるのでしょうか。関口という先生がドイツに講演に行って、ズェヒィグゥッチィと呼ばれてしばし誰のことか、迷ったといいます。中国人は今、日本名を中国音でいってくれます、もの珍しい！

「渤海」という国は中国古代の一地方政権、と現代中国史学界が声明して、韓国・北朝鮮の史学界が猛反発しました。こればっかりは南北共闘です。これは朝鮮民族の流れを汲む古代朝鮮政権の一種、これが朝鮮民族あげての見解です。ロシア史学界では、これはユーラシア大陸東端に花開いた我らが少数民族の国家で、中国史にも、朝鮮史にも入れない、と申しています。どう〜しましょう？

この渤海*、唐の滅亡、統一新羅の滅亡を、ともに見定めたのちに、自らも歴史上から消えていきました。日本では平安中期、〝武士〟が歴史の表舞台に登場する頃でした。ともあれ、平和でいきたいものです、いつまでも。

＊　ちなみに、日本国は江戸時代「鎖国」をいたしましたが、朝鮮半島との通交はずうっと続いていました。「通信使」といわれた使節団です。そのころの半島は「李子《りし》朝鮮」といわれている王朝で、この国の北限は一時、日本海に面する大陸側一帯を領有するまでになりました。かつてのこの渤海国海辺に及ぶものです。
　江戸時代の「鎖国」という政策に着目するとき、完全に外交を絶ったのではなく、大陸の明《みん》・清《しん》との通商、出島《でじま》のオランダ貿易、琉球との貢納《こうのう》交流、蝦夷《えぞ》地との交易など、事実上、鎖国などとは言っていられない、外交をしていた、と今日ビの日本史学界では評せられつつあるそうです。

国際民間交流の一端が垣間見える

風光・月色《げっしょく》、辺寺《へんじ》を照らす。鶯《うぐいす》囀《さえず》り、楊《やなぎ》華《はなさ》いて、暮《ぼ》春《しゅん》に発《はっ》す。

（空海『性霊集』巻三）

風光月色照辺寺　鶯囀楊華発暮春

一、花鳥風月

薫るがごとき風にはこぼれた光り輝きて、澄み渡る月の光栄が、里のはずれの小寺を照《てら》していいます。鶯《うぐいす》のたおやかな音色が響き渡りて、春も暮れなんとするこの今頃《いま》なのに、柳をも花咲かせるほどであります、云々。

ということです、今日のお言葉。

花鳥風月を謡《うた》った、なんのこともないようなフレーズですが、漢字で書くと

風光月色照邊寺　鶯囀楊華發暮春

これをみているだけで、山里の隅にひっそりとたたずむ瀟洒《しょうしゃ》なお堂が、いまは光に包まれ、鶯も思わず囀《さえず》る、和《なご》やかな雰囲気の漂《ただよ》いが、自然に見る者の心にひびきわたるようですが、いかがでしょうか。表音文字って、漢文として読まゝ（め）なくっても、字面だけでも何か雰囲気がこっちに伝わってくる、不思議ですね。情報伝達媒体として考えると、すごいハイテク道具、といえますか。

ところで、でも空海和尚の文章なのに、何でこういう美文調のを、わざわざ今回取り上げるのか、少々説明が必要、かもしれません。美文調、とだけ言うと、これはいささかシー調、という、軽いひびきになって、空海には似つかわしくない、とも思えるからです。何か深い意味があるに

違いない。

今回の文は、「新羅《しらぎ》の道者《どうしゃ》に与《あた》ふるの詩《し》并びに状」というのに登場します。これには、『性霊集』の形式でいえば、手紙（〔状《そう》〕です）があって、それに続いて、「新羅の上人等《ら》の入朝せるに送り奉《たてまつ》る」と、七言絶句の詩が二偈付いています。そのなかの二句です、これは。

二、大陸の胎動

「新羅」は、朝鮮半島に四世紀頃から十世紀初頭まで栄えた、この時代、アジアに有力な国家の一つでありました。

もともと半島は、長く「三国時代」という時代《とき》が栄えていました。三国とは、百済《くだら》・高句麗《こうくり》・新羅です。高句麗は、半島の根元部分からその北方にかけて勢力を張り、百済は今のソウルを中心とするように、半島南側の西半分に勢力を保ち、新羅は、その半島南部の東側に位置する国家として居りました。わが古代、この百済から仏教が齎《もたら》されました。『日本書紀』によれば、西暦の五五二年にあたるとしです（他の本にはちょっと違う年号もありますね）。仏教の漢字は呉音《ごおん》で読む、といいます（漢学は漢音で発音、となってます。）。呉音というのは、中国江南《こうなん》の音《おと》、この百済の仏教が江南系であった、ということに因る、ということになっています。

朝鮮半島の政治史は、とても多彩ですから、ここで一言《ひとこと》でいうには荷が重過ぎますけど、『三国史記』という歴史書が有りますので、ちょっと視《み》ます。新羅は、六七六年（頃）半島を統一していきます。これ以後を日本史学界は「統一新羅時代」といい、韓国ではこのあたりから「南北国時代」というのだそうです。この頃の、このあたりの国の、外交の最大の課題は、唐との関係をどのような距離感で付き合うかでした。これの少し前、日本で「白村江《はくすきのえ》の戦い（六六三年）」といっている戦いがありました。倭国《わこく》が〝唐―新羅連合軍〟に負けて、国内随分緊張いたしました。要するに、唐との関係如何？ ということです。

この七世紀末からは、前回話題にした「渤海国《ぼっかい》」が韓半島（今こう謂うのだそうです）の北方に登場し、唐と対峙《たいじ》するようになります。まあ、考えてみまするに、日本は地続きでなくてよかった、というところでしょうか。でも実はこのころ、この東アジア一帯は、文化的には随分近接した様子を呈しておりました。唐の文化が及んでいたことは言うまでもないのですが、もうひとつ、国際共通文化が、有ったのです。それが「仏教」でした。仏教は、漢文化が漢民族中心主義的傾向の顕著な文化であったのに比して、国籍を問わない、民族を問わない、という、これも顕著な特徴を発揮した文化でした。仏教の広がりに、海外布教宣教師のようなひとは目立たないのですが、それでも燎原《りょうげん》の火のようにアジア一帯に広がったのは、この性質のお陰でしょうと思います。そして、九世紀の初頭となりまして、今回の文章、です。

三、半島から文明が

「筑前太守《ちくぜんたいしゅ》の説を見て」と、文章は始まります。「筑前太守」の「筑前」は今の福岡県の西部地区、「太守」ですから、この地を取仕切っていたひと、でしょうが、いまのところ具体名はわかっていません。「見て」は古来「きいて」と読んでいます。ですから「説」は、何か、手紙か、で謂ってきたことでしょう。筑前には、例の大宰府《だざいふ》があります。ここに、十世紀初頭、赴任した（左遷だったそうで）菅原道真《みちざね》を祀ったお宮が「太宰府天満宮《てんまんぐう》」、学問の神様で通っていますね。これ、（左遷された）道真の怨霊《おんりょう》をおさめるため、でした。

これはのちの話で今は、その伝達の説によれば、「新羅の上人等、海を過て入朝する」と。「過て」は「すぎて」とか「わたりて」と読んでいます。で、もう既にこの一行は日本の地を踏んでいるようで、空海としては、すぐにでもトンでいって御目文字《おめもじ》し、色々お話を伺いたいのですが、小寺に蟄居《ちっきょ》する如くママなりません。そこで、自分のこの、皆さまのお出《い》でいただいた喜びと、すぐにも会えない無念の気持を一片の詩に寄せてお送りし、お分りくだされたく存じます、ということです。

このお手紙の年号、研究によって、弘仁九年（八一八）三月十九日でした。この年は、空海、京に入って十年目、高野山を賜り、自ら登頂しているなど、随分に多忙を極めたころと思います。入寺している高雄山寺《たかおさんじ》も、灌頂《かんじょう》などを修して、護らなくてはなりません。更にこのころ、後に空海の主要著作となる書物の執筆にも、手をつけ始めておられます。空海は、手紙の中に「禅関を閉じて迎慰《げいい》すること不能《あたわず》」と謂ってます。禅定の行に精出していて、お向いにいけませんでした、ということです。これ、まったく正直なところであったと想います。先にあげたこれらの行動、みな禅定行といえますから。

ところで、この詩に付けて、いま法衣を一そろえ作らせていますから、何れお届けいたしたく、とも謂います。これなど、日本の風土にあった法衣の仕立て、とみえて、思わず微笑ましくなります。日本の夏は暑い（手紙の今は三月ですから、これから夏本番に）。ことに、京都の夏は熱い。上人等の意匠《いしょう》は、韓半島の気候に合っても、その法衣で日本の夏を過ごすのは、聊《いささ》かならずきつい、ことと、察せられたのでしょう。今でも韓国式僧衣は、日本の夏には厚げ、ですが、どうなんでしょう。

そして、宛名のところに、「青丘《せいきゅう》の上人の法前に」とあります。この文の題にある「新羅の道者」そのひとのことですが、古来、誰某《だれそれ》、と、云われています。江戸時代にこの『性霊集』に注釈を付けた運敞《うんしょう》というひとは、新羅青丘を、今の韓国太丘《テグ》あたりにあてて、太賢という坊さんに比定《あて》ました。このひとは、韓国仏教における法相宗《ほっそうしゅう》（唯識学という面倒くさい仏教学です。実に面倒くさい、でも、現代にまで通ずる人間心裡の深奥を突きました）の開祖といわれる学僧で、八世紀中葉の人

（と思われる）、どうでしょう、年代的に。今はもう九世紀のことです。

「青丘」について、『性霊集』の写本の一つには、「新羅は松が茂れる国だから」みたいな裏書のあるのも、あるのだそうです。半島部は松が秀でて多い、のでしょうか？　地理学者に聞いてみます。

いずれにしても、当時の新羅からお出《い》でになられた上人に、こういう文面を出された空海の心境を推察するに、これは、よほど親しい心持ちをもたれたかたであられた、ということでしょう。空海の交際の広さを窺わせる好例であります。しかもその交際は、国際的、ということです。日本は、遣唐使船の派遣で、大陸との交通を為しながら、この九世紀なると、それも間遠になります。これをもって、日本がこの列島内に篭《こも》りだしてしまった、と考える方もいるようですが、わたしとしては、大陸の情報は、この新羅を通じて、或いは、前回触れた渤海国との友好を通じて、公（政府間です）私（民間貿易です）にわたって連続的に通じていた、と想っています。その有効な手段の一つが、仏教という文化の共有であったとみています。ここに空海は、最大限気を張っていた、と想っています。いつも大局を見る、というのでしょうか、ですから、空海の入唐前から大陸情報に明るかった、ということは、十分にあり得ることと考えています。この、大陸情報に明るかった、ということは、空海の入唐動機から、その時機決定、などに深く関係していたのではないか、と、わたくしは考えているのです。このことは、今回の主題とは離れますから、これでやめておきますが、一つだけ申しますと、生涯の師となる恵果阿闍梨《けいかあじゃり》との邂逅《かいこう》が、阿闍梨の死の直前って、あまりに偶然すぎるように思えてならないからです。

ところで、空海をそのように、好奇心の強い性格に育てた素地は、空海の故郷であるあの讃岐《さぬき》の国にある、とみました。そこが瀬戸内海に面し、大宰府に入った外国船が、瀬戸内を通過して難波《なんば》（聖徳太子の時代から、ここは貿易港でもありました）に入る道筋であった、それを空海は幼いころから見聞きしていたのではないか、と想像しました。幼き空海が、丘の高みにちょこんと腰掛けて、間際（瀬戸内海は海峡狭いです）を通過していく帆船をみとめると立ち上がり、その、巨大な帆柱（猟師さんの乗っている舟に比べたら、段ちでしょう）に眼を見張って、しきりに手を振っている様が、目に浮かんできてしまうのです、が、これ、わたしの見過ぎでしょうか。

四、そして、詩

さて、青丘の道者の方々、護法の精神篤く、いつも衆生を救済してやみません。今も、遠く海を越え、私たちの日本国にお出でいただきました、と。そして、今回冒頭に引いた詩文です（冒頭文面を参照してください）。

こうみますと、「辺寺」を照らす「光・色」が、実は、この度来日してくれた上人一行のことを比喩していることが、読みとれてきます。啼《な》いている「鶯」というのも、上人の衆生済度のお言葉に譬えている、ということでしょう。これで一挙に、この詩が花鳥風月をうたうだけ、ではないことが、読めてきました。そのお言葉で、季節を外れた花も、上人の謦咳《けいがい》に触れたくて咲きだしてしまいました、ということです。詩は続いて、

これからいつかはまだ分りませんが、必ず上人のおいでになるところにお邪魔して、「言《こと》を忘れ、蓋《かい》を傾《かたぶ》けて、煙塵《えんじん》を褰《かか》げん」と。「蓋を傾けて」は旧知の如くに、ということで、これ本当に旧知であったのでしょう。「言を忘れ」真実のところを語り合う、そして「煙塵を褰《かか》げん」心にわだかまったもやもやを払いのけましょう、ということです。〝わだかまっている〟とは、なかなかお会いできなくて焦《こが》れる気持ち、です。

この、新羅の人と旧知であった、ということは、忘れてはならない歴史的な意味があると思います。空海の情報源の一端が垣間見えた、ということですから。それでひとつ、ここで注目しなければならない詩がもう一つございます。

空海の文章を集めたのがこの『性霊集』十巻ですが、でもまだ有ったと、いつの頃か、手紙類を中心に、誰かが集めまして『高野雑筆集《ざっぴつ》』二巻、というのが編集されました。これに関連して、『発揮拾遺編《ほっきしゅうい》』というのも、江戸時代になって出て参りました。こっちの編者は分かっていますが、『高野雑筆集』二巻のは、不明です。十一世紀になって済暹《さいせん》という凄い学僧が出まして、空海の著作目録を造り、そこにこれらしい書名が登場していますので、これ以前に編集された、とみ

られると分かっていますが、それ以上のことは不明です。編集がいつか、それが誰か、とかは分からず、そういう穿鑿《せんさく》は学者に任せるとして、実はこれらの書物にもまだ漏れていた文章がある、ということで、明治時代になって、ときの一級の学者先生が各所から蒐集してきて、『拾遺雑集《ざっしゅう》』として出版されました。その冒頭二番目の詩に、

「南山の中にして、新羅の道者過るを見る」という詩が載せてあります。これ、今の「道者」さんと同じひと、と決定されています。間違いないでしょう。この詩、『経国集《けいこくしゅう》』という詩集にあったのです。これ九世紀の前半に編集されたとみなされている詩集です。空海の入寂前後ではないか、と思われる、そんな頃に編纂されたもの、と思われます。これ、詩の文面は今回とは違いますが、今問題の行き来のことを詠っていることは確かです。ここでは、この「道者」さんの方から空海のいるところに訪ねてきているようになっています。よくこんな山奥においで下さいました、と謂っているからです。で、この「南山」は高野山のことです。さっき申し上げたように、この前後に空海さん、高野山に上っています。この時のことであったのでしょう。あの手紙を受取って、上人さんの方が自ら高野に来た、ということです。この情況はやはり「旧知」の間柄以外の何物でもないでしょう。

五、旧知、のこと

これで今回の文についてのお話はほぼ尽しましたが、この「旧知」の問題について、もうちょっと考えておきたいことがございます。いつ空海和尚はこの上人と旧知になったか？　若干想像を交えて。

旧知になるということを考えるとき、お手紙のやり取りで知り合う、ということも無い訳ではないでしょうが、こんなに親しくなるのには、やはり面と向かった事実のあったことを想定した方が、自然でしょう。それでは、いつ面会出来た、でしょうか。初めて対面出来た日、です。〝対面〟は、上人側が来日して日本で遭った、ということでしょうが、もう一つ考えられるのが、空海が新羅入りして、あちらで会った、ということも、無いわけでは無いです。

空海は八〇六年帰国してから、大忙しの毎日でした。それで、この新羅上人との邂逅《かいこう》、のことを示すもの、この今回の文のほかに資料はありません。無いから会わなかった、とはなりません。まず来日者は大宰府に入りますから、空海が帰国後三年間、この大宰府に留め置かれていたことがありまして、この間の寄寓はあったかな、とは想像できます。ここで初めて会い、空海ミヤコに入れない無聊《ぶりょう》を、この上人との法談で、晴らしていた、というような想像です。こんなことがあったとして、その時上人自身はミヤコに入れた、と想います。来日はどなたさんかとの縁あってのことでしょうから、その縁の手立てで。対面が叶えば、後は、気が合えば手紙でもなんでも、意思疎通の手段はありましょう。日本国内で、外国人と手紙のやり取りをする、これもおつなもの、です。

来訪者は、帰国するときも大宰府にきて、船に載ります。空海が留め置かれていた間なら、この時も会える、となります。そののちも、この上人、よく来日したならば、その都度（そのころは空海も京に戻れていましょう）会える、とはなりますが、この時代、渡航がどの程度気楽に出来たものか、誰か研究してくれている人、いるでしょうか。

他方、空海が新羅入りした、という資料、これもありません。これ、話題にもなっていません。空海の渡航経験は入唐受灌頂、これ以外には、公式にはありません、ということですから。これ、学術発表で言えば、風狂人扱いされます、から、誰も学者は言いません。

空海の行動はいま、事細かに記《しる》されています、ことに京都に入ってからは（八〇九年七月以降です）。空海の名は年を追うごとにその誉れ高くなり、私的な旅行などは、とても無理、という状況になっていました。しかし、入唐以前はまったく無名です。そしてよく言われるように、不明の七年間、があります。『三教指帰《さんごうしいき》』を著した二十四歳（七九七年）から、入唐船に乗る八〇四年前半期まで、まったくわからないのです。この期間、完全なほどどの資料にも空海の名はのってこないのです。これから新資料が発見されればおもしろいのですが、和尚自らが言い置かれた言葉によれば、山野を跋渉《ばっしょう》して修行に励んでいた、ということです。それで、この時期に、この邂逅があったかもしれない、という想像はどんなものだろうか、ということなのですが、さればとて、この時、新羅入りがあったとは、先ほども申したように、言えません。そうでしょう、ね。

ともあれ、今回の文から、この時代の国際民間交流の一端が垣間見えたことになりましたが、それは「仏教」という共有文化の存在を忘れることが出来ない、ということです。そして「平和」です、何と言っても。しかし平和って、一方だけでは創れません。新羅とは、聖徳太子の時代から色々ありましたが、今は仏教という共通文化の傘の下で、一宗教者が自由に往来出来る状況を互いに享受し、大唐帝国も別に無理強いなことなど言わず、周辺国家を鷹揚に見ている、ようです。ホンとの大国は、これでなくてはいけません！

平和は、何よりの天からの贈り物、この下《もと》で日本は、古代史家が謂う、いわゆる「国風文化」が醸成される社会へと移行していく、門口に立った、のであります。国風文化とは、自前の日本文化と言えるもの、ですね。これ、空海の存在も一役かっています、密教というもので。さア、次の階段を登りましょう、と空海が言っているようです。

つまり要するに「密教化」ということ、です。以後の日本仏教は、誤解を恐れますが敢て言えば、密教化して発展した、ということです。念仏門（乃至禅門）の方々は怒るかもしれません、それも重々承知しています。密教化って、「密教」て何だ？　ということですが、これインド以来を論ずると、専門の学者でさえ実にかまびすしい。インド、チベット（モンゴルも）、中国、韓国、日本、みな違いますから。ことにチベットと日本を比《くら》べては、随分違う。

でもひとつ、敢て申し上げます。これも叱られるのを覚悟で言えば、儀礼の洗練、です。その究極が、空海も受けに渡航した、あの「灌頂《かんじょう》」ですが、そこまで往《ゆ》くのに、様々《あまた》なホトケさまを拝む、その拝み方に様式美が決定されて、伝承されている、これが密教、です。一つのほとけさまに、手に印相《いんぞう》を、口に真言を、意《こころ》にその仏世界を想念して、拝みます。それが、衣装も含めて、洗練された様式美として確立している、のが密教。様式美の確立に、仏具類の整備、衣装の整頓なども欠かせません。そんなことを言っては何ですが、例えば念仏に仏具も衣装も、何もいらないでしょうが、門徒さんのご本山の儀式など拝見（聴）すると、真言門がびっくりするほど華麗になさっています、よ。禅門の場合もしかり。その法要儀式を、国立劇場が舞台にのせています。舞台にのせられる様式が確立している、ということ、これ、みんな密教！

〝万民平等〟と〝諸行無常〟の精神

貴《たっと》き人も、賤《いや》しき人も、揔《すべ》て死に去《さり》んぬ。死に去り、死に去って、灰燼《かいじん》と作《な》んぬ。歌堂・舞閣は野孤《やこ》の里《さと》、夢の如く、泡のごとし、電影《でんえい》の賓《ひん》。

（空海『性霊集』巻一）

貴人賤人揔死去死去死去作灰燼歌堂舞閣野孤里如夢如泡電影賓

一、「〝灰燼《ゴミ》〟のお話」

この度の一言、「摠《すべ》て死に去《さり》んぬ」に尽きます。さらに「死に去り、死に去って」と、畳み掛けるように「死」という現実を直視します。

これ原文では「死去、死去」となりますが、こういうふうに重ね言いをするのは、空海文章術の一つの特徴で、これがクドくなく、嫌味でもなく聞こえるのは、それが実相世界の真実を突いた言葉だからでしょうか。

そうです、ひとは死にます。必ず死にます。でも誰人も、〝人〟が死ぬことは知っていても、自分だけは死なない、（或いは）死にたくない、と想い、栄華のときが、自分にだけは永遠に有る、と錯覚して、結局はこの世で右往左往して、一生を暮すことを余儀なくされるに過ぎないのであります。ですから、死んで死んで、死に去って、なんと「灰燼《かいじん》」となる、と、これはまた、いたって厳しい。灰燼って、ゴミ、ということでしょう。

かなり以前になりますが、「ひとは死んでゴミになる」と言った人がいました。この言が某出版社から本になり、この時、これかなり話題になったかと存じます。たしかその初版はもう二十数年前かと思いますが、のちにどこぞの出版社の文庫に入って、今どうでしょう、有りますでしょうか？*

＊余談ですが、〝文庫本〟という形式は、元来、あまり足の速くない（つまり、一刻《いっとき》の売れ行きとは関係しない）本、でもこれだけは国民として読んでおくに値する（要するに、文化として保存するに価値ある）と考えられる読み物を、国民がいつでも手に取れる状態（堅くいえば、〝文化〟を開かれた場ですべての国民平等に開示する目的）で、いわば、商業ベース（民間レベル）で為し得るギリギリの文化的形式に沿った商品であったはずでありました。
　それがいま、売れるか否かの目安のみで採られる（つまり、売る手段）商品形態のひとつになってしまった感が、強くあります。「文庫本」で売りやすい内容なら、そうする、ということです。聞くところによりますと、これも日本の税政策の為せる業、とか。本という商品、売れなくても、倉庫に有るだけで、売れたものとして税金をもっていくと聞きましたが。税金は上納されなくても困りますが、苛斂誅求《かれんちゅうきゅう》も困ります、ね。
　ですから日本近代が産み出した、〝文豪〟と謂われる名立たる作家たちの作品も、文庫で読めない、のは、わたしたちの世代としては、なんとも寂しい限りです。若いころ、随分文庫本のお世話になりましたから。いま〝本〟の世界は、電子書籍、などと言われる形式が登場し、にわかに騒がしくなっています。これって、こういう文化保存の局面から見るとき、どうなるんでしょうか？　吉とでるか、凶とでるか、昔流行《はや》った言い方で、〝成り行きに注目〟していきましょう。

それで、昔のことで私細かいことをあまり覚えていないので恐縮ですが、この言を申された方が、たしか「検事総長」とか、社会的に高度技術の（そして知的作業の）仕事に従事するひとであったことで、そういうひとが「ゴミになる」というような、一見刹那的《せつなてき》というか、投げ遣《や》り的な言動に奔《はし》ったことで、余計世間の耳目を聳《そばだ》たせた、と記憶しています。まだこの時代、そういう知力水準の高い人は、そういう知性力に見合った内面文化的な言葉を残す、と信じられていた時代でした、ね。このひと、（どこか）内臓（だったと思いますが）の癌《がん》に在任中罹患《りかん》し、医師の生存見立てが数ヶ月乃至《ないし》よくっても数年、という、先の見え切った人生に直面しての発言でしたから、これを、凄《すご》く潔《いさぎよ》い、と見た人もいました、確か。また、オレはゴミにだけはなりたくない、と、拒否反応を露わにした人もいました。ご本人のお気持の本当のところは、わたし知りませんが、〝宗教〟というものの有り方を認めない、とか、霊魂の存在・死後の世界を信じない、といった認識で世上理解された、かと存じます。*

＊いま念のため、インターネット開けてみました、「人は死ねばゴミになる」で。何と！　なんとなんと、二百四十六万件ヒットしました。こういうことに如何に関心度が高いか、いまの時世が垣間見られる、ようです。

確か、わたし裁判に出たことはないのですが、なにか証言などするとき、聖林映画《ハリウッド》では、神に誓って、とか言いますし、日本では、良心に従って、とか、宣誓させると聞きます。これって、「良心」って、限りなく「宗教」の分野に近い精神作用なのです。証人が誓うのだから、検事も当然「良心」と証拠に従って、信念を貫いて論告してんでしょう？　昨年後半期、検事さんが自分側の利益のために証拠を改竄《かいざん》したという〝どんでも事件〟が発生しましたが、これホントに例外中の例外、と信じたいです、私。あの検事総長さんの時代には、こんなこと千二百《パーセント》（過日さる政治家が否定辞を言うとき使っていましたので、おもしろいので使わせていただきます）考えられなかったでしょう。つまり、あの検事総長さんの人生、立派に役務を務められたということは、事実上言葉で何と言おうと、極めて「良心的（宗教的ということ）」に生涯を貫徹した証左、ということではないでしょうか。で、このひと在任中、かつて検事総長であった方の本葬に、葬儀委員長をお努め為されたと聞きました。これは役務就任のようなもので、これだけをとって自己の信念を云々されるのも迷惑かと存じますが、その委員長の言葉として、慰霊に向かい「安らかにお休みください」と言った、と伝えられます。となると、どうもホントには、検事総長までした自分が、死んで「ゴミになる」とは、本質的には信じていなかった、ともとれます、ね。この名誉は末永く顕彰されていくに違いない、残された遺族も自分の残した業績の光の中で、それぞれ生涯を全う出来る、という〝安心感〟が前提にあればこその「発言」所業、とみては、穿《うが》ちすぎでしょうか。

これ、この検事総長を非難しているのではありません。「ゴミ」になるということは、そのひとの生涯の活きた証《あか》しが一切無視されるということ、でしょう。検事総長といえば、日本国の治安の根源を司る役職、それを立派に果したそのひとの行状が、死してすっかり失われる、などということは決して起りません。これが人の世の常識でありましょう。他人《ひと》はもとより、ご本人でさえも、この常識を疑うことはなかった、と、わたしは考えます。そうでしょう、そうでなかったら、日本国に革命起る（乃至国家滅亡ですか！）、であります。こうやって国民の息づきは継続的に伝承され、社会の秩序が保たれ、人びとに安寧の日々が約束される、ということです。その根幹を守護したひとが、忘れられるはずがない、ではないですか（経歴記録的にも、国家の公式文書に記載され、日本国家の続く限り、永劫に伝えられるはずです。なにしろ、奈良・平安の古代のことさえ残っている日本ですって）。

その職務を完遂したということは、彼の職務の性質から、前述したように、良心に忠実に信念を貫いた、と為《な》れば、寧《むし》ろ宗教的、仏教的、な人生を過した、とさえ謂えましょう。この総長さんが、空海のこの度の言葉を知っていたとは思えませんが、まさに同じ言辞をのたもうた、となりますと、著しく密教的、とさえ、いえましょうか？

二、〝ご縁〟のこと

そしてあの頃、よく謂われたことは（誰が言い出したか知りませんが）、ひとはゴミに為《な》りたくても成れない、ということでした。現代日本にあって、世間的意味で「ゴミに為る」とは、縁を失う、ということとなりますと、あの頃はまだ、日本社会のあちこちに血のつながりを基本とした人間関係の日々が溢れていて、ですからその関係を切りたくても切れない現実が、日本の人びとを取り巻いていた、とみられます。それで、あの頃からでしたか、日本社会に、散骨とかいう、お骨を何処かに撒《ま》いてしまおう、というような、これまで日本にまったく伝統のない風習が、話題にのるようになったかと、思い出します。これは、縁を自ら切る、というような、結果になります。濃密な人間関係があればこその〝我が儘《わがまま》〟のように見受けられました。しかしこれもいま、各地で物議を醸《かも》している（これを実行された自治体が、あとの処置に困っている）ことは、皆さまも見聞きしていることと存じます。

ところが今日《いま》のいま、本当に〝ゴミ〟となる末路の状況が報道され始めました。ご承知のように、

「孤独死」と呼ばれる「死」のありさまです。一人で（誰も看取るもののいない状況で）死んでいく、ということは、この列島の古代（未組織の社会、ということです）から、何十、何百、何千とあったのかもしれません。ですが、いま問題視されている状況は、こんなに社会構造《システム》がととのえられた現代に、死してもそれに誰も気付かれない、という「孤独」の結果としての死ですから、これは社会の基礎がどこか壊れ始めている、という危惧に通ずるものだからでしょう。都会の部屋の隣には、誰か人がいる、という状況で、その人は気楽に音楽など聴いていて、それで、隣数メートルにいる人が死ぬことに気付かない、という生活配置は、反って孤独の深さを際立たせるものです。

その〝一人〟のありようは、さまざまです。いろんな理由によって縁故者が一人も居なくなってしまった人、これは本当に〝一人〟ですが、こういうのではなく、探してみたら血的に近しい〝家族〟が居たというような人、もいます。しかもこれが結構多い。こっちが寧ろ孤独、底知れない孤独、かも知れません。そしてより深刻な〝縁なき衆生〟かもしれません。この結果、新しい語彙が造語されました。曰く「無縁社会」です。まさに〝縁〟を失った社会です。日本は、何時からこんなことになってしまったんでしょう。

新年（平成二十二年）になってから、さる大新聞が、このことを特集していました。そしてその論調にびっくりしました。戦後日本人はこの社会の縁をなるべく薄くするように活きてきた、その結果としての「無縁」ではないか、という、ここまでは、確かにそうかもしれないと、わたしも頷きました。次の文が、驚いたのです。ですから、もう一度わたくし達は、家族とか近隣とか、本来（人類の創世から延々と続いてきた、そしてこれからも続くべきであろう）縁あるべき人びとの環《わ》をふたたび構築すべく、もう一度社会全体で反省し、その構築に努力を傾注すべき、とでもくるのかと思ったら、違うのです。そういうものにはもう頼らずに、国とか自治体の施策を、〝一人〟を看取ることを前提とする方向に全面的に向けて、一人が一人で死に往けるようにすべき、という論調なのです。う〜む、と唸ってしまいました。日本国、縮みつつあるとはいえ、まだ一億二千七百万人居ます。この人数の末路をぜんぶ国家で看取る、どうやったらいいのでしょうか、そんなこと出来るのでしょうか、いい知恵があったら、教えてください*！

＊太平洋戦争が終って、米国が日本にもっとも恐れたのは、この日本社会の濃密な人間関係だったと、どこかで聞いたような覚えがあります。米国の、戦後日本処理の第一は、この濃厚社会を壊すことにあった、と。事実《ほんと》かどうか知りません。でもそうだとすると、半ば成功、ということですか。

さてさらに、こういう現状の結果として、〝新職業〟が立ち上げられました。曰く「特殊清掃業」です。清掃業の一種ですが、元来は事件・事故等の死体現場を清掃する職業ですが、現今このなかに孤独死の方の後片付け、も含まれるようになったそうです。これでまさしく、死体が目出度く？「ゴミ」となりました、ああ〜。あの検事総長さん、今の現実を見たら、なんと仰《おっしゃ》るでしょう？

なおついでに（余談）、こうして〝ゆき倒れ〟ますと、その当該の地方自治体が「行旅死亡人《こうりょしぼうにん》」という名を冠して（行旅病人及行旅死亡人取扱法）職権で火葬し（一応縁故者を探します）、無縁仏として保管、いずれ〝処理〟、ということになります。〝散骨〟がしきりと話題にのぼったころ、そんなに後縁《こうえん》なく撒《ま》かれたいなら、野垂《のた》れ死ねばいい、と言った凄まじい御仁がおりましたが、無論そんなことをする散骨希望者は、一人もおりません、よね。ホンとは皆さん、みんな供養されたがっているのですよ。散骨、これ、何か魅惑的（ローマンチック）な響きがあったのでしょうか。

ご自分が麗《うるわ》しい思い出のある地に撒いてください、美しい富士山のみえる海に散《ち》らしてください、など、その散す仕方も、瀟洒《しょうしゃ》な船とか、特別仕立てのヘリコプターとかでって、何か普通のお葬式とは一味も二味も違った趣向を取り揃えて執行される、ようなイメージが、一群の人びとにうけた、みたいにみえました。〝わたし流〟が貫ける、というような、一見インテリジェンスな様相さえ呈しての印象です。

それに付随して、費用が安価に済む、とかいう風聞（実は随分に割高の儀式です）も、時流に安易にはのらないわたし流の、個性の主張、ということでカモフラージュできそう、どうも、〝夢〟溢れる葬式をしたい、という心持ちの表れ、のようにみえました。

そうです、お葬式には、何か「夢」が必要であることに気付かされました。今、孤独死せざるを得ない現実には、まったく「夢」の欠片《かけら》もありません。ゴミになる現実って、それまでにも夢を追い、栄華もあったかもしれない人生を閲《けみ》してみて、その夢潰《つい》え去って、もうどうしようもなくゴミと消えて行く人生、ここにはまったく〝夢も希望も〟ありません。あの検事さん、ましてや空海さん、そんなことを想定して仰ったのではないでしょう。

なお葬式にお金をかけないと考えたあるおばあちゃん、〝献体を〟と遺言したのですが、これで一人の人生の区切りをつける時間が数年の単位で延びてしまい、遺族の精神的負担が大変だったという事例を耳にしました。一人の人生の区切りが、何時までたっても出来ない、のは、身近なものにとって、実に気苦労なことです。いつも心にわだかまりがある、ようなものですから。献体とは、貴重なお心持ちですが、遺族の神経負担軽減も汲んで、こういう遺言は慎重に、というところでしょうか。なおついでに、現在献体数あり余るほどあるそうです。

三、世の無常

さてそこで、空海さんは「歌堂・舞閣は野狐の里」と続けます。歌堂も、舞閣も、歌など詠い、舞踊《まい》など舞《ま》ってにぎやかな、そんなお屋敷や高楼閣をいいます。しかし、ひとの華やかな声に満ちた、そういう屋敷・楼閣も、ひとが死んで死んで、居なくなれば、野狐《のぎつね》の住処《すみか》となってしまう、ではないか。*なんとこの世など、儚《はかな》いことよ。ひとの一生なんて、夢の如く（実体がなく）、泡の如く（すぐに消え去ってしまう）、儚いもの、一生が長いようにみえても、「電影」稲妻のように走り来たり走り去るお客（賓）のように、あっという間のものであります、と。

＊　事実、当時、没落した貴族の館など、主が居なくなるとあっという間に朽ち果てたそうです。没落の原因、色々な理由があるでしょうが、政争の結果の失脚、が結構あったようです。古代では、単に野に下る、だけでは済みませんでしょう、負けた人。

これ、みんな、仏教のもっとも原理原則の教えであります「諸行無常《しょぎょうむじょう》」の精神を、世上の貴族の館《やかた》の盛衰に仮託して叙述したもの、です。つまり後に『平家物語』でいとも有名になりました〝世の無常〟を、切々と説いている、というものです（何故今説くか、後述します）。

ちょっとここで、こういう仏教の基本教説と密教思想の関わりについて申し上げたきことがございます。密教は、空海は、日本仏教の基本線と考えられている仏教世界にとって従来、ともすれば特別な、ある種独特、という印象でさえ捉《とら》えられる傾向がありました。そう、鎌倉期の仏教観から見るとき、確かにそういう印象が拭いきれない面、否定できません。なにしろ鎌倉仏教の特徴は、念仏一途とか、坐禅唯一、といった、どちらかといえばとても地味、なのに対して、密教の曼《まん》荼羅《だら》に象徴されるような壮大さ・華やかさは、どっか異質、という印象が否めません、でしょう。つまり仏教の基本思想と少々かけ離れているのではないか、という危惧です。でも、違います。

いまのこういう言質から、空海思想の根底にも仏教の基本がきちんと根付いていることが、よく知られます。そうです、あのピカソのいかにも抽象的な絵画造形はいきなり生み出されたのではなく、彼の若き頃のデッサン、膨大な数が残されているのですが、どれもこれもしっかりした人物描写が為《な》されています。こういう基礎があればこそ、あの抽象的な芸術が生み出される、納得です。

空海も、仏教の基礎をきっちりと学んでいます。空海のこういう仏教基礎学は、あの奈良の仏教界で学ばれたのでしょう。奈良仏教に学び、奈良仏教を超えた、これが平安仏教を先導した空海の真骨頂、と見極めるべきです。空海は、この奈良仏教と〝妥協的〟であったと、最澄の言動と比較して、よく言われます。しかもこれ、一寸非難じみた声調で。最澄が奈良仏教の雄・徳一《とくいつ》と終生論争し、戒壇独立の〝野望〟を捨てなかったのに比して、空海は東大寺の別当《べっとう》になった、というような伝説が伝えられるほどに、すぐれて親密な関係が、何か純粋ではない、という印象を、近代の学者が言いつのりだし、一般教養人士に植え付けたのです。でもこれも違います。ひとこといえば、〝妥協〟は〝純粋〟の対立軸ではない、ということ。純粋なればこそ勇悍な妥協が出来る、と私は考えています。空海はそれを実践した、ここが偉大、と考えます。

されば、空海の偉大さを考えてみます。

沢山ありますが、一つだけ謂えば、奈良仏教では、救われるものに限りがあった（救われない人がいることを認めていた）、これを万民の救済を認める仏教にした、これが凄いことであった、のです。この万民（人民に差別無し）のための仏教、という主張が空海文章のここ彼処《かしこ》にあることは、このシリーズの中でも何回か取り上げたと存じますので、覚えておられるでしょう。

過日、某テレビの新年特番なのでしょうか、空海と高野山について、随分時間をかけた番組が放映されていました。しかもこの司会者が、芸能界の大ボスのような方で、結構視聴率をかせいだのではないでしょうか。宗教番組ではないのですが、中味は随分空海に肩入れした、他の宗祖さまの教団から文句の一つも出兼ねない、ような、でも真言宗徒には満面ニヤリ、の番組でした。一寸だけ欲を謂わせて頂くと、この空海の偉大さを際立たせる衆生平等救済精神が、如何に奈良仏教とは違うかを、もう少し強調していただきたかった、と想いました。そしてそれが出来た原動力は、空海の「選択《せんたく》」によって創生された新密教であったからということ、奈良仏教にはこの「選択」という作業は無い仏教集団であったから、これも空海仏教の特質ということ、を謂っていただきたかった、です。でも、ともあれ、特番が組まれるほどのところが空海さんのお徳か、と納得します。

四、御山の効能

ところで今回のフレーズも、基本的に同じ〝平等精神〟に則《のっと》っているものです。それが「摠死去《すべてしにさる》」で、あらわされています。そう、「摠て」とは、「貴き人も、賤しき人も」です。世の無常、という現実に、「貴人・賤人」の区別ない、ということ、です。これは、現代の感覚では当たり前、となりますが、この千二百余年も前の平安時代（もしかしたらつい近年まで、或いは今も、と言う方がおられるかも）の社会情勢、を考慮するとき、これは物凄く大胆な主張となるのです。差別は当たり前、常識！　という時代でありましたから。

「貴人・賤人」の問題を申し上げる前に、この度の文章の出自をざっと申し述べておきます。

このフレーズは「山に入る興《きょう》　雑言」という文にあるものです。「雑言」とは、恐らく韻《いん》を踏まない詩形式の文、ということかと存じます。「山」とは高野山、空海が高野山を賜った勅許は、弘仁七年（八一六）七月八日（四十三歳）に下っていますが、空海自身が登山《とうざん》したのは、その二年後（八一八年）十一月頃と看做《みな》されています。その在山する空海に「良岑安世《よしみねノやすよ》」という人が書簡を下し、山に在駐する空海の心境を問うて、これは、それに空海が応じた手紙ということですが、具体的な日にちの記録はありません。

良岑安世（七八五～八三〇）という人、桓武《かんむ》天皇の皇子の一人で、文武両道に長《た》け、漢詩にも幾つも作品を残し、空海との親交は世間的にも、つとに有名、という奇特な人物《かた》です。

さて、安世さんが、空海が山に分け入る心境を尋ねます。山の神、木の精がうごめくという深き山の奥は危険がいっぱいで、*登るにも下りるにも困難この上ないのに、どうして？　と。

＊因みに、古代にあっては、自然界は魑魅魍魎《ちみもうりょう》の跳梁跋扈《ちょうりょうばっこ》する世界、と考えられていました。自然を愛《め》でる、とは、存外後世《こうせい》の趣向かと存じます。

そこで空海は、森羅万象の即疾《そくしつ》に過ぎ去り、世のすべての人の「無常の身」なるを、華麗に説き示します。どんな「すべて」の人たちか？　「九州《ちゅうか》・八島《おおやしま》」の人、「堯《ぎょう》・舜《しゅん》・禹《う》・湯《とう》、桀《けつ》・紂《ちゅう》、八元・十乱、五臣、西《せい》・嬙《しょう》・嫫母《ぼぼ》、支離《しいり》の体」*など、みな「誰か能く万年の春を保ち得たる」と。かれらはみな英傑の（乃至真反対の）人びと、永遠性を特質とするような存在の人、それでも現実は結局、彼らも万年の春は保ち得なかった、ではないか、と云います。ここでおもしろいのは、嫫母・支離ともに歴史的醜《みにく》き人の代表ですが、これも亡くなれば等しく解消されるということになり、美醜《びしゅう》平等の概念が何気なく貫かれているところです。これも空海の、平等感覚の秀《ひい》でたところでしょう。

＊これらはみな、中国古典に登場する著名な人物の名前で、空海が漢学の素養に、どれだけ通じていたかを示す好例といえましょう。

そしてこの度のフレーズになります。

文章はさらに続き、足早に往き過ぎていく空蝉《うつせみ》の人生にあっては、いっときも留まることなく前進あるのみ、「大空の師」に向かって突き進むべきだ、と。「大空の師」は阿字本不生《あじほんぷしょう》の理を体得した先生、即ち、真言密教において最高の悟りを体現した人で、これに向かって、という意味になります。そしてかくなれば、「南山《なんざん》の松石《しょうせき》」も「南嶽《なんがく》の清流《せいりゅう》」も、まことに乙なものとなって見えてきます、どうかうわべの華やかさに溺れることなく、三界火宅《さんがいかたく》の火に焼かれることがないように、この法身の里に来なされ、と。

実は『性霊集』の、この文章に連なる前後いくつかは、この高野山に居ての空海が認《したた》めた文でうまっています。どれも相手は良岑安世とみられます。現実には、空海の高野山滞在は、この初登山の際の両三年と、晩年の八三一〜二年（ご入定《にゅうじょう》は八三五年）以降の数年で、しかも晩年のときはどうも、往ったり来たり、のように見受けられますから、事実上高野山滞留の時節は、それほど長くありません。それでもこの文にあるようにこの山に拘《こだわ》っているのは、これまでにも指摘されているように、修禅《しゅぜん》の地、と見定めたから、という意見に、賛同したいと想います。

ですから空海の生涯は、ここに述べられているように前進あるのみ、ひと刻《とき》の躊躇《ちゅうちょ》もしていられない、という風情《ふぜい》で駆け抜けられた、という感が深いですね。それで、その活躍の場は何といってもみやこ京都を基点としていました。だからこそ、修禅の場が高野にある、とみえるのは、事実上は何度もは往けなくても、空海にとっては、安心活力の元であったのかもしれません。いまに云う〝元気の源〟です。そしてその「無常」なる説示内容を、自らの積極人生で実践証明した、というところでしょうか。

五、万民平等

さて今回最後に残った課題は、「貴人・賤人」です。貴人・賤人も「揔《すべ》て」、の問題です。先にも申しましたように、貴人・賤人は、今では死語でしょう（そうあってほしい）が、あの時代、これはまた当たり前の認識でありました。つまり身分制度の存在を基本とする社会ですから。そういう社会の制度上の戸籍の中に「奴婢《ぬひ》」がいて、これが良民（自由民）に対する賤民の位置付けとなりました。そういう呼称の大元は中国にあって、これを古代日本が受け入れ、日本的に改良して戸籍に取り入れた、と看做《みな》されています。*

＊ いまから四十数年前、『唐王朝の賤人制度』（東洋史研究叢刊）という本が上梓されています。今古本でかなりの高値をつけているかと存じます。小生今回の執筆に一寸みようかと想いましたが、拙庫の何処にあるか分らず、残念です。

その〝貴・賤〟のどちらも「死に去る」運命は一緒、という認識を、空海はここで堂々と表明しました。貴人からは、おイおイ賤人と一種に言わないでくれよ、という抗議の声が聞こえそうです。いや、確実に顰蹙《ひんしゅく》をかった、と思います、貴人から。でも空海さん、そんな声にめげることなく、どうどうと表明する、空海の基本姿勢からはそこに何の区別もない、という確信に満ちているからです。

念のため「貴人賤人」を、例の大蔵経検索にかけてみました。意外と少なく、五件ヒットしました。インド部では四件です。大体に、空海さんにとって何が問題かといって、そういう仏典の事例より、自己の対面した平安社会の現実であったのでしょう。空海は若き頃、巷間に修行の伝《つて》を求めましたが、そこでは生々しい差別の現実に接することもあったことでしょう。しかし学んだ仏教の理念から、加えて自らの肌に感じた教訓として、差別する意味のまったくないことに確信を持つ、この確信がこの度の台詞《せりふ》を記録した、ということと存じます。

最後に、この「貴人・賤人」という記述法を空海がした以上、空海も差別意識を持っていた、といわれたことがございました。私、承服しかねますので一言申し添えたく存じます、空海さんは、辞めとけ、と仰《おっしゃ》るかもしれませんが。実は以前にも「貴・賤」の言とか、平等感覚については、ここで何度かとりあげてきたおぼえがあります。今回またか……、と思われた方もおありかと存じますが、この度あらためてここに出《い》だしたのは、この〝差別〟の問題に言及しておきたかったからであります。「貴・賤」の語を使ったから、空海は差別主義者といわれたことがあるのです。

つらつら考えますに、人間の理念は時代を超えて普遍性を持ちますが、その理念を表記するには、何人も当該時代に通用している言葉を使用して表現せざるをえないものです。空海さんが「貴人・賤人」言を使ったからといって直《ちょく》差別人呼ばわりされてはかないません。九世紀に二十一世紀の言葉を吐け、というのは、ないもの強請《ねだ》りも甚だしい、と言わざるをえないでしょう。

現代に差別などあってはならないことは言わずもがなでありますが、それを基準として九世紀の社会を糾弾《きゅうだん》するのもまた、無体な話ではないでしょうか。貴人・賤人と言ったからといって、差別を許容した、などといわれては、もう全《まっと》うな会話は出来ない相談です。議論の余地なく、差別はあってはならない、のです。

〝事実〟を超えて〝真実〟を見極める

物《もっ》の興廃《こうはい》は必ず人に由《よ》る。人《にん》の昇沈《しょうちん》は定《さだ》んで道《どう》に在《あ》り。

（空海『性霊集』巻十）

物之興廃必由人人の昇沈定在道

一、お言葉集

この度の言葉、とっても有名な言葉です。空海の文章は、どれをとっても珠玉の言葉に満ちているのですが、その中でもこれは一頭地を抜いて名高い、お言葉といえましょう。

意味も、極めて簡単と申しましょうか、分かりやすい。「物」は「物事《ものごと》」ということ、世の中の現象のすべて、ということです。「興廃」は興隆と荒廃、この両様はいつにそれに携わる「人」の力量による、というのです。その「人」の浮き沈み即ち「昇沈」は、その人が志した「道」のあり様にある、人の価値は志にあり、といえましょう、というのです。この言葉、空海の資質を表すに、実に善く表現されている、ということで、空海の境涯は言葉に満ちていますが、これはことに有名です。

そうです、空海和尚の世間的言葉は、この『性霊集』に百十二文章、『高野雑筆集《ざっぴつ》』に七十四文章、あります。『高野雑筆集』は手紙を主体とする文集です。これらについて、今までにも一寸一寸と話題にあげていましたが、ここで纏《まと》めてお浚《さら》いしときましょう。

のちの研究によって、前者『性霊集』においては四文章、後者『高野雑筆集』にも五文章ばかり、空海の筆ではないものが混ざっていると認定されましたから、『性霊集』は百八、『高野雑筆集』は六十九、が真筆《ほんもの》、両者に重複するものが十文章ありますから、二つ足して十引いた百六十七個の文章が、空海自身の言葉となります。

空海さんの言葉集としては、この他に、江戸時代になって『発揮拾遺編《ほっきじゅういへん》』というのが発刊されました。明和八年（一七七一）のことです。これは、そのころ石山寺におられた尊賢《そんけん》という坊さんが出版したものです。これには三十八個の文章が載せられていまして、中味的には『高野雑筆集』中の三十八文とすべて重なりますが、この本の序文に言うところでは、この尊賢さんが石山寺の宝物庫を捜索していたところ、この空海文を発見したので、『発揮拾遺編』と名づけて出版する、とのことです。これをさらに調べますと、この本は、かつて淳祐《じゅんゆう》という坊さんが、空海の文を自ら写し書いたもの、というのです。「石山寺」は、いまも大津市の瀬田川のほとりに聳《そび》える巨大寺院、近江《おうみ》八景の一つに数えられ、西国三十三箇所観音霊場の第十三番札所、本尊さま、如意輪観音です。この寺は、あの奈良大仏の願主・聖武《しょうむ》天皇の勅願によって、良弁《ろうべん》（六八九〜七七四）によって創建されたという由緒ある寺、さぞかしその宝物庫も豊かであったでしょう。現代《いま》本堂とか、多宝塔が国宝に指定されています。良弁さんは、東大寺初代住職さん。この寺、そんなことで東大寺の系列寺院でしたが、平安中期頃、真言宗になりました。昔は宗派移動よくあったものです。

淳祐（八九〇〜九五三）さんは、あの太宰府天満宮《だざいふてんまんぐう》で有名な、学問の神様・菅原道真《すがわらのみちざね》の孫、というひと、醍醐《だいご》寺に居られて、隠居して石山寺の塔頭《たっちゅう》に入り、沢山の著作（次第集などを書き残し、これを聖教類《しょうぎょう》といいます）をものした坊さんです。大師の書かれたものを蒐集《しゅうしゅう》したことは充分考えられます、ね。

このひとに希瑞《きずい》な話が伝えられています。高野山奥の院の弘法大師御廟《ごびょう》にいかれた折、御廟の奥で坐禅されて居られるお大師さまのお膝に触れたというのです。お大師さまは亡くなったのではない、坐禅三昧にずうっと入られている、というのが、入定《にゅうじょう》信仰です。こういうお話が、〝信仰〟に厚みを添えてくれます。が、近代は、こういうお話は非科学的、と排除する傾向に奔《はし》りました。近代って、何て無味乾燥な時代なのでしょうか。古代人だって、これが〝事実〟ではない、ということぐらい、分かっていたのです、が、お大師さまが普遍性を有するという〝真実〟を語ろうとするとき、こういうお話は有意義である、として、語り伝えた、のではないでしょうか。〝事実〟と〝真実〟は即イコールではないのです。人の世界に必要なのは〝真実〟です。事実を踏みしめ、〝事実〟を超えて〝真実〟を見極めたいものです。

ところで、淳祐がそのお膝に触れたとき、手にお大師さまの香気が移り、淳祐さんの筆録された聖教類はその香りがあって、これを「薫聖教《くんしょうぎょう》」と、特別視しました。江戸時代、聖賢さんがこれを宝蔵庫の奥室に発見したとき、さぞかし、馥郁《ふくいく》とした香りに包まれていたことでありましょうや。

また、紫式部《むらさきしきぶ》の『源氏物語』は、式部が石山寺参詣の折に思い付いた、という伝承があります。石山寺の文化性を垣間見せる逸話、ということでしょう。こういう古寺の収蔵庫が、日本各地にまだ随分埋もれているのです。これからも、興味尽きない発見があることと、楽しみになります。わが日本国に「古代」が保存されている機能の一つに、この「古寺院」の存在を忘れることが出来ません。アジアの、世界の、片隅で暮してきた〝日本〟という存在の古さは、わたし、やはり特殊、ではないかと、近年つくづく感じています、が、どうでしょう。日本を〝特殊〟に見てはいけない、式の論調があることは重々承知していますが、壱千年も、壱千弐百年も前のことを、いまだに意思をもって永続的に保存している日本って、やっぱり特殊、と想いますが、如何でしょう。

さて、以上の諸文書集で、空海の文は網羅されているようですが、明治になって『弘法大師全集』という企画がたてられ、明治四十三年（一九一〇）出版のこの『全集』に『拾遺雑集』というのが、収録されています。これはこの編纂者・長谷宝秀《はせほうしゅう》師が、これまでの本に、まだ漏れているとみたものを、『経国集《けいこくしゅう》』とか『元亨釈書《げんこうしゃくしょ》』とかから集めて、一冊にしたのでありました。これには、三十の文章が集められています。

これだけある文章中でも、今回の文節はことに有名、そして空海の最重要な文化的精神の一端を示す文章でもあります。

二、建学宣言

今回の文は、「綜芸種智院《しゅげいしゅちいん》の式《しき》 并《なら》びに序《じょ》」という文章中に出てまいります。これ、巻十の冒頭の文章です。ここは、当初の『性霊集』では散逸してしまったところで、かの済暹《さいせん》が補ったところです。

「式」は法則とか規則とか、をいいます。「綜芸」の「芸」は、娯楽の〝芸〟ではなくて、「学問」のこと、「綜」は総括、すべてを纏《まと》め統括することです。「種智」の「智」は一切種智《いっさいしゅち》、ということ、これは、仏教でいう究極的な智慧のこと、です。これを「種《う》」える、そこに根付かせることです。その「院」、つまり組織的機能体、もろもろの学問知識を養い育てる機能の建物、これ単刀直入に謂えば、学校です、ね。これを創りますときの「式」、即ち〝その精神〟について「序《の》」べます、というのです。

つまりこれは、空海が企《くわだ》てた「私立学校」建設の「宣言書」乃至趣意書、というところ。このことは、本書の最初にも言及した覚えがありますが、ここであらためて、少々詳しく見ておこうという次第です。

これ「天長五年（八二八）十二月十五日　大僧都《だいそうず》空海記す」と奥書されていますので、空海五十五歳の砌《みぎり》のこと、ご入定（入滅）なさる六十二歳つう、そのときまで、あと六年と三ヶ月強というところ、になります。空海さんの最後の踏ん張りが、強烈に出てくる頃です。空海の代表著作『十住心論《じゅうじゅうしんろん》』の著述、高野山開創の手筈《てはず》、宮中御修法《みしほ》の制定、真言宗年分度者《ねんぶんどしゃ》の授与、とか色々、真言宗が社会的に認められる条件をすべて揃える、というふうに、大車輪の活躍、というところであります。

それで今、「物を済《すく》ふに意《こころ》有って、竊《ひそ》かに三教《さんごう》の院を置かむことを庶《こ》ひ幾《ねが》ふ」のです。ところでひとくちに、学校建設、といっても、これにかかる費用、端《はした》ではないでしょう。空海さん蓄財していた？　そうではありません。この趣意を巷間《こうかん》に発表するや、即座に寄付の申し出がありました、「辞納言藤大卿《じどうげんとうたいけい》」というひと。「辞納言」は、納言《なごん》を辞した、ということ、これ調べてみますと「藤原朝臣三守《あそんただもり》」卿というひとで、さきに中納言を辞していました。この方が自らの邸宅を提供しようというのです。

それは左京の九条にあり、広さ二町余というのですから、広大です。近世で謂えば一町は三千坪、六千坪余あるということです。この頃の一町はこれほどまでは無かったでしょうが、それでも相当の広さであったでしょう。そこに今五つの屋舎があるといいます。充分校舎に使えるということでしょう。景観また素晴らしく、東隣に施薬慈院《せやくじいん》、西は東寺に近く、南側には墓地、北側は政府の食糧倉庫、閑静《かんせい》ということです。ちなみに今でも自分の家から南に墓地があれば、決して高い建物は建ちません。日照の確実に取れるところで、こういうところ、暮らしは快適、いつも回向《えこう》されていてありがたいところです。
敷地の南北には湧水池《ゆうすいち》が、東西には豊かな小川が流れ、生い茂る松や竹が風に吹かれて琴箏《きんそう》の如き音色を響かせ、梅の花、柳の青さは錦繡《きんしゅう》の如くに美しく、春には鶯《うぐいす》、秋にはりっぱな鴈《かり》が飛び交《か》いて、夏の暑さにもこの地の屋敷内を散策するだけで涼しげになる。西には白虎《びゃっこ》という大《たい》道《どう》、南には朱雀《すざく》という小沢《しょうたく》ありて、僧俗ともに逍遥《しょうよう》するに、ここで事足りる情景が用意されている。しかも近くは車馬の往来繁《しげ》くして、交通に便なるところである、というのです。

こんな条件の良い邸宅を無条件に提供してくれた三守卿の、この行いを、空海は釈尊時代の給《ぎっ》孤独《こどく》長者のそれに比しています。給孤独長者は須達多《すだった》長者、このひと常に施しを第一としたのでこのように言われ、その極めつけがお金を積み上げて買い求めた土地を釈尊に献上したことで、ここに造られたのが祇園精舎《ぎおんしょうじゃ》（諸行無常の響きあり、の）でありました。須達多長者はこの土地を、舎衛《しゃえ》国波斯匿《はしのく》王の祇陀《ぎだ》太子から、その林を譲り受けた。この時、太子は須達多の決心を試すべく、黄金をこの林に敷き詰めたら譲る、といったら、須達多は本当にそのようにした、と伝えられます。

余談ですが、このハナシはまた、もう一つの方面からも注目されました。この寄付行為が、須達多長者の現に今、自己所有になる土地の提供ではなく、この時、土地を買い求めての挙句《あげく》の寄付、というところです。つまりこの時、土地の売買が行われていた、というのです。今風にいえば、商業資本の開放的流通性とでもいいましょうか、この時代の経済活動の側面が垣間見られる、ということです。経済活動といえば、この空海さんへの寄付の件においても、三守卿の寄付行為が「永く券契《けんけい》を捨てて」と言ってます。これ契約文書です。言いかえれば、通常なら「券契」などが取り交わされる、今はそういうものを度外視してご寄付戴《いただ》ける、ということ、ここに契約観念があるということ、凄《すご》いことと思います、ね。それを空海さんも、きちんと認識していることは、彼が唯《ただ》に世間知らずの世捨て人、ではなかった*、ということです。

＊　これも余談ですので、欄外に述べます。
世事に明るい仏教者、これ実は明治以降の日本近代知識人に厭《きら》われた仏教者像のひとつでした。空海は世事に長《た》けている、こういうの、言うなれば胡散臭《うさんくさ》い、というのです。日本近代知識人がどうしてそんな偏《かたよ》った概念をもってしまったか。
一つには、鎌倉仏教の理解に拠《よ》るところが強い、と思います。鎌倉期の仏教は、何か一つに専念することを標語《モットー》とした、これは清いこと、と勝手に思い、いつの間にか〝世捨て人〟のような生き方こそ仏者らしい、とされ、そうでないものは、何か怪しげ、というような印象で評価を下す、その代表に空海がされてしまったのです。言っときますが、鎌倉期のお祖師さま方もみんな、〝世捨て人〟ではありませんでした。世間の真っただ中で呻吟《しんぎん》し、そして生き抜いて確固たる境地を切り開いた、壮烈な方々でした。世間知らずになど、なっていません。ひとつに〝専念〟したことに間違いはないですが、それまでに至る学びの蓄積と苦力は百戦を闘《たたか》う如く、そうしてそこに光明を見出したからこそ、尊いのでしょう。かれらの「専心」を、一つでいい哉《かな》、などと軽く理解したら、そのお祖師さま方が、さぞかし嘆くことでありましょう。

かくして当今《いま》、世に九流《きゅうりゅう》・六芸《りくげい》（さまざまな学問技芸、世間の知識です）・十蔵《じゅうぞう》・五明《ごみょう》（仏事諸法など、仏法です）が流通していますが、これらを兼学・綜通《すべてつう》してこそ、身を成し、世のためになる、のであって、その一つを戴けば事足りる、というものではないのです。その全ての習熟のために古来、聖帝・賢臣は「寺を建て、院を置」いた。なのに、この頃は、方袍《ほうぼう》（僧侶）は仏経ばかり、茂廉《もれん》（世間の知識人）は世間書ばかり、偏りて学ぶばかりだ、そこでもう一度、それら全ての一括勉学に適した学院を創《つく》り、「昏夜《こんや》を迷衢《めいく》に照し」、「羣庶《ぐんしょ》を覚苑《かくおん》に駆《か》」りたいと思う、と。要するに迷える人びとの、真実なる指針となるような人材を育成したい、と、まことに壮大な建学精神が打ち立てられました。

この総合的理念と、事実自らに体現された「空海」という存在は、戦後疲弊しきった日本人にとって希望の星となった「湯川秀樹」という人物によって、「天才」の一角に推奨されました。この発言は、近代日本知識人たちの、空海に対する甚だしき誤解に根本的な警笛を鳴らす役目を果しました。これを端緒として、〝空海ブーム〟なども起ったのは、ご愛敬だったんでしょうか。

実は、空海像は、日本精神史史上、常に主座の一翼を担っていました。それが明治近代になって、若干揺いだかにみえましたが、現代《いま》それがまた元の鞘《さや》に収まった、それだけのことで、そう怪しむほどのことではない、という意見もあるでしょう。しかし明治近代においてこの〝揺《ゆら》ぎ〟を経験したことによって、改めて「空海」という存在の巨大さに目覚めた、目覚めさせられたことは思わぬ僥倖《ぎょうこう》、と喜ぶべきでありましょう。

三、批判応答

ヒトは誰も主張がある、でも凡人は主張するだけで、自らを吟味しない、ものです。それが、空海さんは、ちゃんとわが身を、わが着想を振り返っています、問答形式をとって。

その一つ目（の想定疑問）

空海のこの構想はまことに結構、でも今まで先人が、同じような学校を設けながら、結局実を結んで決着がみえたというものはない、ではないか。今回も、大丈夫だろうか？　というんです。その先例として挙げられているものが、「備僕射《びぼくしゃ》の二教《じきょう》」と「石納言《せきどうげん》の芸亭《うんてい》」です。

「備僕射の二教」の「備」は「吉備真備《きびのまきび》」のこと。このひとは、六九五〜七七五年生没という、古代日本激動の時代を駆け抜けた、感ある逸材と申せましょう。岡山県の出身、いま倉敷市に吉備郡真備町があります。遣唐使に加わること二度、昇進・左遷を繰り返し、結果右大臣にまで上り詰め、宝亀六年（七七五）死去と謂いますから、空海生年の前後、というのも、何かの因縁でしょうか。最初の入唐のときに共に行ったのに、あの阿倍仲麻呂《あべのなかまろ》がいました。また玄昉《げんぼう》もいました。留まること十八年、多量の文物を伴って天平七年（七三五）帰朝、玄昉も、後に東大寺大仏開眼の導師となる菩提僊那《ぼだいせんな》を伴って帰国しました。* 残念ながら、かの仲麻呂さんは帰朝できず客死《かくし》、おかげで〝あまの原　ふりさけ見れば〜〟の詠《うた》が残されました。

＊ この人、古来毀誉褒貶《きよほうへん》の甚だしい人で、過日の某テレビ局番組では、えらく俗ぶつに描かれていました。ちょっと、かわいそうなくらいにです。現代人の即物的妄想で、破茶滅茶《はちゃめちゃ》に描かれたら、歴史人《びと》もかないません、ね。

この真備さんが神護景雲《じんごけいうん》三年（七六九）「二教院」という私立学校を立ち上げています。「二教」とは儒教と道教、あの帰国時に齎《もたら》した唐代文物がその資量となったであろうと推察できます。ここに「仏教」が無いのは、奈良の地には最早多量の寺院が建設され、そこで仏教教育は十二分に為されていたでしょうから、必要が認められなかった、ということでしょう。とまれこれこそ私立学校としてはわが国最初、と目されています。因みに、この人の二回目の入唐～帰国には、あの鑑真《がんじん》を伴っていました。

次「石納言」の「石」は大納言「石上宅嗣《いそのかみやかつぐ》」（七二九～七八一）という人物。内外の典籍に通じ、天平宝字《てんぴょうほうじ》七年（七六三）文部大輔《もんぶたいふ》に任ぜられている。これ、文部省的役所のようで、この人の文化度を示すものとみられます。仏典にも造詣深く、旧宅に「阿《あ》閦《しゅく》寺」を建てて、この一角に「芸（この字、藝の略字とは違います）亭」という図書館を造り、仏典以外の書を一般公開にした、というのです。公開型図書館の誕生です。これらの先例は、でも空海の時点で既に無かったのでしょう、残念な先例として引かれていますので。これに空海は答えます。

それがこの度の文言、答文の冒頭の台詞《せりふ》です。答えます。物事の興廃はいつに「人」にかかっている、から、いま「我と志を同じ」くするもの沢山あれば、必ずや永続するであろう、と。その「同志」として、「一人《いちじん》」「三公《さんこう》」「英貴《えいき》」「大徳《だいとく》」を列挙する。

「一人」とは、上御一人、即ち天皇だ。淳和《じゅんな》天皇でした、この時。この人『経国集』を編纂した、これ漢詩文集です。ここに空海の詩文も載っています。

「三公」とは、太政大臣《だじょうだいじん》・左大臣・右大臣、これ、政府要人、というところです。

「英貴」とは、優れた知識人、「諸氏《うじ》の」といいますから、おそらく在俗の英傑の人びと、これも今風にいえば派閥を超えて支持者あり、というくらいのニュアンスとみます。「貴」は貴族ということ、この頃の〝財力を有する人たち〟です。どうも、具体的な協力者が既に居《お》られたのではないでしょうか。

「大徳」は仏者の賢徳な人、これも「諸宗の」といいますから、一宗一派に偏《かたよ》らない、幅広い人材、の方々、奈良仏教界にも協力者が存したと推量できます。

かくて、こういう人方に支持されていれば、必ずや永続するであろう、と答えたのであります。

一応こういう人びとの〝支持があれば〟、と願望形で表現して、ことわっていますが、空海さんとしては心に秘めた支援があったのではないかと推測します。そうでなかったなら、これだけの企画《プロジェクト》を安易に掲げるようなことはしないでしょう、世間を知っている空海としては。

さて、二つ目（の想定疑問）

こういう教育的配慮は、すでに国家が為しつつある、それも強力に。それは凄まじい雷鳴にも比すること可能で、その前には私立《わたくしりつ》の企てなど蚊の鳴声にも似て、ほとんどかき消される如くでは？

〝否、否〟と、否定する空海。この言い振りが現実的《リアリテー》であります。即ち――かの大唐国にありては、中央政庁には坊坊に学塾があるほどで、更には地方地方にも学校があって、それはそれは学ぶ者の多きを数えています。しかるに我が邦《くに》には、中央に一つ国立学校があるだけで（地方にはまったく無い）、地方のものが都に上がることも大変な、貧しくとも有能な若者が、とても学ぼうにも学び得ない、というのが現状でしょう。今わたくしは心ある学童すべてに機会を与えたい、ので、この院を造り、「四恩《しおん》の広徳《こうとく》を報」じたいのです、と。

これ、空海は唐のみやこを、つぶさに看ていたということです。また、福州に上陸してから都にまで至る道すがらも、おそらく地方都市・農村の人文地勢を細かく観察していたのでありましょう。それがいま、こういうアイデアに生かされている、ということです。長安までの旅程、漫然と歩んでいたのではない、ということが、良く分かります。ここがリアリティー溢《あふ》れるところです。

リアリティーついでにもう一つ、この企ては「四恩」に酬《むく》いるため、というところ、です。実は空海が若き頃、「仏教を選択」して学ぼうと決心した折、身内・親戚から停められますが、その理由に、出家は忠・孝に背く、ということがありました。この時、空海は、出家をすることによって、より大きな恩を報ずることができる、と言い訳しています。今、四恩に酬いる、というのは、この若き頃の思いに応えるという理由にも適合する、のです。四恩とは、父母・国王・衆生・三宝です。この教育機関建設によれば、今の四恩にピッタリの報恩が出来る、ということ、空海さんの気持、実に良く理解できます。大体に空海の生涯の全行動は、わたくしには、この四恩報謝のそれであったようにもみえます。ですからこの言葉、儀礼の言葉ではなくて、空海の真実の心持の吐露、とみえます。

四、「人」を求めて

続いて文章は、「師を招くの章」というのが掲《かか》げられます。ここでも「師無くんば、解《さとり》を得るに由《よし》無し」といいます。「人」の重要性を強調する、今回の冒頭の文に呼応する言葉といえましょう。かくて学びの現場には、その学ぶべき「処《ところ》」、学ぶに値する「法」、求むる手段たる練達の「師」、そして衣食の「資《たすけ》」が必要ですが、ことに重要なのが「師」である、と強調します。この「師」に二種あって「道（=真なるもの）」と「俗」、でも「真俗は離れず」とは「わが師」の教え、両者を十全に学んでこそ、真に学ぶ者となる、と。そして、この両者の教授について（これは、教える側の問題です）、「道人伝受《どうにんでんじゅ》の事」と「俗博士《ぞくはかせ》教受《きょうじゅ》の事」という、二つの心得を説きます。

ここで強調されるのが、「労倦《ろうけん》」を厭《いと》わず、学ぶ者の「貴賤《きせん》を看《み》ること莫《な》く」「貧富を看ず」です。「労倦」云々は、ほおっておくと怠惰に通じます。これ、空海の最も忌《い》むところでありました。空海の生涯が、いつも全力投球、という具合でして、労苦を厭う、ようでは、ろくな仕事は出来ない、というところでしょうか。

「貴賤」「貧富」の件は、この主張は、これまでにも何度か、わたし言及しましたが、ここでも空海さん、くれぐれも「貴賤」「貧富」をもって学生《がくしょう》を差別する事のないように、と、教授方に注意を喚起しています。言い換えますれば、当時の世上は「貴賤・貧富」当たり前の世界であった、ということでしょう。そう、日本といわず、何処といわず、人間の歴史に、差別の現実は避けて通れなかった、のです。但し、ですが、誤解を恐れながら申しますと、それだからといって、過ぎし歴史に異時代の通念を持ち込み〝道徳的に〟非難する、如きは、如何なものでありましょうか、と想います。

ところで、ここで空海はこの、差別無し、の根拠を挙げています。釈尊が「三界《さんがい》は吾が子なり」と云っている、と言うのです。これは、のちのお弟子さんの研究によって、『法華経』からの引用、とされました。「三界」とは、欲界・色界・無色界のこと、その欲界は俗世間ですが、ここにも仏陀の子はいる、俗世界にも仏界の一分あり、ということです。即ち三界のどこにも差別はない、そういうことです。

それから、この引用のこと、もう一つ注目しておきたいです。空海といえば密教、密教は顕教《けんきょう》とは隔絶している、というイメージが強烈で、密教研究者は顕教に弱い、という不思議な評定が為されています。が、空海はきちんと仏法の基礎（＝顕教）を学んでいる、ということを知らせてくれています、この引用が。

いまのは仏法からの引用、ですが、もう一つ引用しています。「四海は兄弟《ひんでい》なり」という、これ「将聖の美談」による、というのです。「将聖」は聖人、孔子さまです。これも、四海に差別はない、という趣意、でしょう。四海はこの世の中全てです。時代は漢学を正統学、とする時代、なんと謂っても知識世界はこっちが主流ですから、さきの仏法からだけの引用では、世間への説得力は半分（或いはそれ以下）しかない、となります。で、かく孔子さまの引用と為《な》ったのでしょうが、空海がこのような視野で主張すること自体、彼が標榜した儒教・道教・仏教、三教兼学《さんごうけんがく》の精神を体現している証左となる訳であります。

さていよいよ空海さん、私学立上げ宣言論文の締めくくりとなります。

五、授業料滞納無し

学校は、何時の時代でも、何処の場所でも、何がしかの授業料・受講料といったものを頂戴して、成り立ちます。当今、筆者が勤務する大学でも、一般私立大学の平均よりは少々安価ですが、授業料を頂いて経営が成り立っています。大学の経営は、この授業料、或いは時間受講料、或いは諸種の手数料、これに設立団体からの寄付、或いは大学協会からの補助金（いわゆる国家補助です）、更には近時では、別法人にはしますが会社法人を造って、なにか〝営業〟することも許されていますのですが、やはり何といっても〝授業料〟に頼る比率が高いのが、日本の一般的大学の特徴であります。ですから、学生さんが入ってくれなければ、〝営業（教育です）〟はたちまちストップしてしまいます。過日、多額の剰余繰越金を、何か投資に遣《つか》ったところ、急激に値下がりしてしまって損益を出し、世間の耳目をそばだたせた大学もありましたが、吾が大学はそんなには剰余金が無かったので、助かりました。でも、大学というものは、万が一なにも入らなくても一年や二年は遣《や》り繰《く》りできるくらいには貯蓄を持っていたいものです。それを今、私の大学はなけなしのお金を叩いて校舎を整備し、これからの大学氷河時代を乗り切ろうと頑張っておるつもりです。お陰で、このところ右下がりになっていた受験生数も右上がりになりつつあって、正直ホッとしていますが、いっときも油断できないのは、何処の大学も同じ、と思います。

そうだ、この受験料も、貴重な財源です。ところが、過日さる新聞の投書欄に、これ（受験料）が今、高すぎないか、という意見投書がありました。あの〜、受験準備には凄くお金かかるものなのです。私の大学も、かってさるドームの展示場を借りてやった事ありましたが、数千人単位で入る会場ですので、借り賃一日なんとも凄い額です。オッと、わたしの大学の窮状をこぼす欄ではありませんでした。本論に入ります。

教育とは、お金のかかるもの、と想います。私の大学は曲りなりにも全国区の大学で、地方出身の学生さんが結構居られますが、この授業料を納める上に、東京（何に付け物価高です）の暮らしをしなければならない、となると、仕送りを為さるお家の方がた、大変でしょうと思います。今の時世の厳しさからでしょうか、ぼちぼち、経理除籍、という方があります。授業料が期日までに納まらない方、です。本学では、その事情を汲んで、期日延長を一度ならず数度、待って、待って、何とか救おうとしていますが、ともかく社会の経済的窮状が敏感に反映する今日この頃となりました。

で、こういう経済の現実的問題について、空海は「師資糧食《ししりょうし》の事」といって、きちんと方針を述べています。

ひとことでいえば、学ぶものすべてに、仏者といわず、俗人といわず、学生といわず、先生といわず、ここで学ぶすべての学人に、飲食を支給する、と。聖人君主たりとも、霞《かすみ》を食って生きてるわけではない、というニュアンスでお書きになっている、これ実にリアリティーにとんだ文言です。＊大体に、糧食の事について言及すること自体、こういう理想の実現に、夢想を抱いていたのではない、ことを証明しているでしょう。

＊　儒教観念では、聖人君主はお金のことを言わないものと、されていました。

さらにリアリズムは続きます。

空海自身、蓄財の準備はないので、今は「若干の物《そこばく》」しか支給できないが、わたしの思いに共鳴できる方々が居たら、「涓塵《けんじん》を捨てて、此の願を相《あ》い済《すく》ふべし」と。「涓塵」は、したたるものとちりあくた、ほんのわずかなさまを言います。「捨てて」は、喜捨してください、ということ、要するにこれ、寄付して私を助けてください、というのです。少しの物でもいいから、どうぞご寄進願います、と。随分、短兵急な寄進依頼です。

〝お寺〟という文化財を護ろうと、何かを為す時、基本的には営利業をしない寺として、結局有縁の人々に寄付を募《つの》る以外にない。しかし寄付をお願いするということは、住職一代に一回、あるかないか、ぐらいしか出来ないもので、それも、有縁の人々に言い出すのには、かなりの勇気がいるものです。これが〝現実〟であるとき、今の空海のこれはまた、随分に単刀直入です。こういうところも、空海が近代知識人に嫌われた?、図々しい、とでもみられたのでしょうかねェ。

空海一人の魅力で存続していたようなこの学校、でも空海入定後も暫《しばら》く続いた、のです。承和《じょうわ》十二年（八四五）売却されましたから、入定後十年余続いたということです。そのときの真言宗責任者は実慧《じちえ》、空海にとって、この建学の信念は確固たるものであった、だからスラッと寄付が言いだせる、のだと、私愚考いたします。余計な思惑が無い、から、素直に依頼できる、ということでしょう。このころ空海は、この学校創設頃から高野山の開創算段、最大の著作たる『十住心論』の執筆開始など、大忙しの季節に入った、と思います。そういう中での学校建設、アイデアが素晴らしすぎて、あとの人たちの身がもたなかった、ということでしょうか。

この廃絶について、色々な〝学説〟が飛び交っています。これ、私前にも申した事が御座いましたが、やはり早すぎた〝理想〟であった、ということではないかな、と想っています。三教をすべて修める、というのは、凡人にはとても無理、ということでは？　それに加えて、現実の世の中、進取の気性に富む若者が、そう続けて居るとも思われません。最初に申し上げたように、学校の存廃に、最大の要因はなににつけ、生徒の減少、でしょう。質を落としても学校存続を掛ける、という必然性は、この時代ないのです。若者は、あの時代、有力な労働力でありました、それを暫く学校にいれておく、それが出来るほど当時の社会は豊かではなかった、ということも考えられます。文化を護るのは「ひと」、これは護る側において言っていたようにみえますが、今は受身（生徒）の側の才能も問われる、ということで、やはり「物の興廃は人にある」ということのようです。

教授陣についても、先生も何時までも若いとはいえない、後釜となる優れた教授としての跡取りがいなくなれば、やはり続けるのは難しい。「～人による」とは、教育を受ける側に言えることと同時に、教授する側にも、あてはまる課題、ということです。つまるところ、後継者の経営手段に廃絶の理由をすべて押し付けるのは、如何にも酷、と想います。

経済的な理由を挙げる方がいますが、これは、空海存命中に荘園の手当てなど為されていれば

（恐らく為されていたのではないかと想いますが、どうでしょう）、それほどただちに存続が難しい事態になるとは思えません。これはどなたか細かい事のお好きな学者が、丹念に荘園の動きを追っていただくといいのですが。

その他、かなりの奇説もあると聞きます。が、〝ひと世界〟の常識を逸脱したような〝学説〟は、いくら学問的にみえても、考えものです。「人の昇沈は定んで道にある」のですから、学するものは、道を見誤らないようにしたいものです。

おわりに

如何でしたでしょうか？「はじめに」に、何か生意気なことを言ってしまったのですが。「空海」についての「誤解」と申しましたが、この本がまたひとつ「誤解」を生んでしまわないか、恐れます。近代は等身大の空海像を、ということについて、言及しました。等身大とは、身近に感じられる、ということかと想いますが、それは〝偉大ではない空海〟ということではないでしょう。卑属な私が身近に感じられたからといって、誰も喜びません。わたくしが只、空海の偉大さを診ることが出来ないだけの話ですから。

空海から「伝説」を引き剝がす、「近代」が目指して止まなかったこの作業は、近年成功しつつあるやにみえます。ところが、これによって構築されつつある「新空海像」に、妙な非神格化像が付与されつつありはしないか、そんな危惧《きぐ》を抱く今日この頃、と論じたところがあります。近代人の浅薄な想像力によって、偉人の非神話化の名の下、〝どんでも像〟が結ばれつつありはしないか、という危惧です。それは、杖を突いたらそこから温泉がわき出でた、というのを非科学的と断罪した〝近代精神なるもの〟の為せる業《わざ》ですが、その出来上がった「新像」も、その否定したはずの非科学的景色とそれほど離れたものではない貧弱な卑近像にすぎない、そんな思いをひしひしと感じている、今日この頃であります。

一例を挙げます。

八百五年、空海が長安に丸一年滞在していた年、空海は宿舎の西明寺に入ってから、恵果阿闍《けいかあじゃ》梨《り》のもとに往くまでに数ヶ月を要している、となっているのを、さる著名な亡作家が「空海はおのれを高くうるために（勿体をつけた）」と解説したのです。どうしてこんなことになってしまったかというと、その「数ヶ月を要した」と、〝近代〟になって何方《どなた》かが謂ったことによるもので、これは間違いです、数ヶ月を要した、ということが。筆者はかって〝近代〟を問題にし、「近代とは何か」「近代学としての仏教学は?」を問うて、今も自らの研究課題の一つにしています。

「近代」とは、ホントにまったく何なんでしょうかしら?

いつの頃ですか「想定内」という語彙が流行りました。「想定内」には「想定外」、素人は、少なくともわたくしは心配性でして、何に付け危機は最大を考え、そうならないように対処して活きてきたのですが、世間はそうではないらしく、そうなったら言い逃れる用意に「想定外」と?どうも、言葉は都合いい、とは言っても、どうなんでしょうか、そういうの。これも近代の所作のひとつ、とみえます。現象の説明に科学を基調とした知識による判定、を特徴とする精神に近代の特質がある、として、科学万能の世界観がいま幅を利かしていますが、それならもっと突っ込んで想定してよ、という事態が、少なからず存すると思いませんか?　少なくとも近代人は、おのれの知識が仕様もない利己主義に利用されたら大変だ、ということに気付くことで、もう一歩前進出来るように想えてなりません。

空海は言葉を自在に駆使した人、といえましょう。しかしこれも誤解の無いように申し添えますと、逆倒《さかし》まに操《あやつ》った、のではありません。必要に合わせて説得力の媒介としての駆使、です。今回『性霊集』を読んできて、つくづくそれが感知できました。その感知の一端を述べさせていただきましたが、これは又あの時代の最高知性の一端を垣間見ることにもなったと思っています。しかもそれは、千二百年前の知性ですけれど、現代の知性に照しても、充分にその吟味に耐え得る智慧の塊、とみえました、私には。その言葉、儀礼の文が多いようにみえて、耳を澄ませて聞けば、人間の理性を呼び起こす正しい常識の精神に満ち満ちています。

その智慧で現代をみればどうなるか。東京駅新幹線停車場（プラットホーム）に立てば、超スピードの列車を10分に一本どころではない短時に発着させているそうな。その前に立てば覆い蓋《ふた》が自動に開く便器が、国中の隅々に設置される日もそう遠くはない、と。これでは、いくら電気があっても足りないでしょう。この度の災害の現地の惨状を鑑《かんが》みるに、そんな暮し向きを創ってしまった日本人の、今その暮し方そのものが問われているように想えて仕方がない、ということです。

もうひとつ、この『性霊集』を誰もが理解しやすく語りたいと、ということを目標に掲げました。どうでしたでしょうか、空海和尚のお言葉が難しく感じられたとすれば、それは空海さんの文が悪いのではなく、このわたくしが力量不足なだけです。学者は易しいことを難しく言う商売、と誰かが揶《や》揄《ゆ》したとか、かつて筆者は、日本いや世界的な梵語学者の講筵《こうえん》の末席に連なる栄誉を頂いたことが御座います。インドの古典詩をお解きくださったのですが、その御講義を聴聞いたしていると、梵語なんて明日から直ぐにでも読めるようになる、と錯覚するほどに解り易い。本物の学者だこれは、とつくづく感じ入りました。でもそのあと聞いた梵語の授業で又もとの木阿弥、難しいことを誰でもが解るように易しく話せるのが本格の学問、と悟った次第でした。あれほどに容易な読本、は無理としても、皆さまの興味だけは外さないように、と心がけたつもりでしたので、よろしくご吟味の程、願います。

ともあれ、この書が空海和尚の真実開顕に僅かでも寄与できることを祈って、そしてこの本の成るに当って見守っていただいた編集部の皆さん、直接間接に学説の対論者となった先輩諸賢の学恩に感謝の意を表明して、とりあえず擱筆します。

平成二十三年六月吉日

平井　宥慶

■ 著者紹介 ■

平井　宥慶（ひらい　ゆうけい）

昭和 18 年 11 月 30 日，東京都に生まれる。
昭和 40 年，大正大学仏教学部仏教学科卒業。
昭和 42 年，大正大学文学研究科修了。
現在，大正大学教授，真言宗豊山派・常泉院住職。

著書：『シルクロードを仏教が往く』上・下（大東出版社）『知識ゼロからのお参り入門』（共著，幻冬舎）『新国訳大蔵経 本縁部 1』（「太子瑞応本起経」大蔵出版）『仏教とは何か その歴史を振り返る』『仏教とは何か その思想を検証する』（以上共著，大法輪閣）など多数。

現住所：〒 112-0003 東京都文京区春日 1-9-3　常泉院

空海『性霊集《しょうりょうしゅう》』に学ぶ

発行日　平成 23 年　7 月 10 日　初版第 1 刷発行ⓒ

著　者　平　井　宥　慶
発行人　石　原　大　道
印刷所　三協美術印刷株式会社
製本所　株式会社 若林製本工場
発行所　有限会社 大 法 輪 閣
東京都渋谷区東 2 − 5 − 36　大泉ビル
Tel (03) 5466 − 1401（代表）
振替　00130 − 8 − 19 番

ISBN978-4-8046-1321-5　C0015　Printed in Japan